Was unterscheidet einen Vogel von anderen Wirbeltieren? Nur sein Gefieder, das ihn ja zum Fliegen befähigt. Sein gesamter Organismus ist auf ein Leben in den Lüften ausgerichtet. Selbst wenn der Wellensittich seine Nahrung am Boden sucht, in den Wipfeln von Bäumen schläft, so wäre er ohne sein Flugvermögen nicht überlebensfähig.

Annette Wolter

Mein
Wellensittich

Das Standardwerk zur artgerechten Wellensittich-Haltung
- **Verhalten**
- **Pflege**
- **Ernährung**
- **Gesundheit**
- **Zucht**

Gondrom

Die Autorin

Annette Wolter ist Vogel-
expertin mit langjähriger
Erfahrung in der Haltung von
Wellensittichen, außerdem
Autorin eines der erfolgreich-
sten Wellensittich-Bücher.
Ständiger Kontakt mit Tier-
ärzten, Verhaltensforschern
und Züchtern ermöglicht ihr,
in Sachen Vogelhaltung stets
auf dem laufenden zu sein.

Die Fotografin

Monika Wegler ist Berufs-
fotografin, Journalistin und
Tierbuch-Autorin. Schwer-
punkte ihrer Arbeit sind Tier-
porträts sowie Verhaltens-
und Bewegungsstudien
von Hunden, Katzen und
Wellensittichen.

Die Fachberater

Klaus Stark, praktischer Tierarzt: Kapitel Vogelkrankheiten
und Wellensittich-Lexikon.
Herbert Hummel, Züchter und
1. Vorsitzender der Deutschen
Standard-Wellensittich-Züchter-Vereinigung e. V.: Kapitel
Vogelnachwuchs und Zucht.
Reinhard Hahn, Rechtsanwalt:
Rechtsfragen zur Wellen-
sittich-Haltung.

Das Männchen bemüht sich sehr, …

… aber das Weibchen zeigt kein Interesse.

Kontakt-
aufnahme

Sind beide Vogelpartner noch sehr jung, kann es einige Monate dauern, bis sie sich zu einem echten Paar zusammenfinden. Letztlich siegen die Triebe der Natur, und die beiden schreiten zur Hochzeit.

Kurzfristige Resignation beim Männchen, …

Es gibt auch sehr schüchterne Männchen, die sich nicht oder nur zögerlich getrauen, die Initiative zu ergreifen. Dann ist es oft das Weibchen, das seinem Männchen beibringt, was es von ihm in Sachen Balz und Paarung erwartet.

… dann erneuter Versuch, bereits drängender.

Etwas Koketterie muß schon noch sein.

Endlich: liebevolle Hinwendung.

Nun läßt sich das Weibchen sogar füttern.

Die Balz beginnt

Beim gegenseitigen Umwerben und bei der Balz lassen sich immer wieder ähnliche Situationen be- obachten. Die Erregung zeigt sich teils recht intensiv, teils aber auch sanft, fast innig. Am eindrucks- vollsten bei der Balz ist das Gehabe des Männchens, während das Weibchen eher gelassen, abwartend wirkt.

Wellensittich-Paarung

Es ist rührend zu beobachten, wenn ein Wellensittich-Weibchen nach scheinbarer Gleichgültigkeit endlich zur Hochzeit bereit ist. Fast waagerecht »liegt« es auf einem Ast und reckt seinen Schwanz nach oben. Dabei sieht es sein Männchen unentwegt an. Dieses vergißt augenblicklich seine angeborene Scheu vor dem Weibchen und besteigt es. Die meisten Männchen legen dabei nur einen Flügel um das Weibchen, manche umschließen es auch mit beiden Flügeln. Die Vögel bringen nun ihre Kloaken zusammen, wobei die männlichen Samen in den Eileiter dringen. Doch ist nicht jede Paarung von Erfolg gekrönt. Junge Vögel müssen regelrecht üben, bis ihnen die Samen-übertragung gelingt. Wenn das Gefieder um die Kloaken zu lang ist, kann ebenfalls die Befruchtung verhindert werden. Für Heimvögel ist es wichtig, daß ihnen zur Begattung stabile Naturäste zur Verfügung stehen, auf denen sie einen guten Halt finden.

Jetzt gilt es, beim »Treten« das Gleichgewicht zu halten, ...

... damit die Paarung auch gelingt.

Nach soviel Liebe tut Ruhe gut.

I·N·H·A·L·T – V·O·R·W·O·R·T

Ein Wort zuvor:
Seit Generationen hat der Wellensittich weltweit die Herzen von
Kindern und Erwachsenen erobert. Jeder liebt ihn, doch weiß
wirklich jeder, was zu tun ist, damit sich dieser kleine aus Australien stammende Sittich bei uns
wohl fühlt?
Um die artgerechte Wellensittich-
Haltung geht es in diesem Rat-
geber.
Auf Praxis-Seiten: Kompetente
Ratschläge der Autorin zum richtigen Käfig, zu Vogelbaum und
Hänge-Freisitz, für die Erste Hilfe
sowie Tips für die erfolgreiche
Zucht und Jungenaufzucht.
Auf Frage-Seiten: Antworten auf
die häufigsten Fragen von
Wellensittichhaltern, zusammen-
gestellt anhand unzähliger Leser-
briefe an die Autorin.
Tips für Kinder: Wichtige Regeln
für junge Wellensittichbesitzer.
Tips für Selberbasteln von Wel-
lensittich-Spielzeug. Dazu eine lustige Wellensittich-Geschichte.
Lexikon: Wissenswertes rund um
das Wellensittichleben, mit Fach-
worterklärungen.
Fotos: Exklusive Neuaufnahmen –
eine Bilderschau, die zeigt, was in
dem kleinen Vogel »steckt«.

Meine Freunde, die Wellensittiche

Seit vielen Jahren sind mir die munteren kleinen Wellensittiche ans Herz gewachsen, die eigenen ebenso sehr wie jene, die ich im Laufe der Zeit bei anderen Familien kennengelernt habe. Über diese faszinierenden Sittiche, die kleinsten aus der Familie der Echten Papageien, habe ich mehrere Bücher veröffentlicht und im regen Briefwechsel mit anderen Wellensittichbesitzern immer wieder Erstaunliches erfahren. All meine persönlichen Erfahrungen und mein Wissen über Wellensittiche haben mir aber auch deutlich vor Augen geführt, daß allein die Liebe zu den Vögeln für eine artgerechte Haltung nicht ausreicht.

Es ist sicherlich nicht einfach, Wellensittiche bei uns artgerecht zu halten, vor allem, wenn man weiß, wie diese Vögel in ihrer Heimat Australien leben. Einen Einblick in ihre Lebensweise gibt das erste Kapitel des Buches. Es verdeutlicht, daß Wellensittiche in freier Natur an ein Leben mit vielen Artgenossen gewöhnt sind. Ihr Tag ist mit lebenswichtigen Aktivitäten ausgefüllt. Schließlich muß für Nahrung gesorgt oder der geeignete Nistplatz gefunden werden. Feinde lauern überall, und es gilt auf der Hut zu sein. Von all diesen »Sorgen« ist der Wellensittich befreit, der in menschlicher Obhut lebt. Doch die natürlichen Lebens- und Verhaltensweisen liegen auch unseren Wellensittichen, die seit Jahrzehnten bei uns gezüchtet werden, »im Blut«. Sie brauchen Beschäftigung und vor allem als Einzelvögel viel Zuwendung vom Ersatzpartner Mensch. Nehmen Sie sich deshalb unbedingt die nötige Zeit für Ihren Vogel. Er wird es Ihnen durch zutrauliche Anhänglichkeit danken und Ihr Leben mit seinem Repertoir an Verhaltensweisen bereichern.

Doch bedenken Sie, daß ein einzeln gehaltener Wellensittich, der in freier Natur - wie gesagt - an ein Leben in der Vogelschar gewöhnt ist, auf Dauer ein kümmerliches Dasein führen wird. Ein Mensch ist trotz aller Bemühungen eben doch nicht in der Lage, ihm den Vogelpartner zu ersetzen. Ich rate daher jedem, einen zweiten Wellensittich anzuschaffen. Erst gemeinsam zeigen Wellensittiche den Reichtum ihrer arttypische Laut- und Körpersprache.

Wellensittiche zu halten bedeutet, Verantwortung zu übernehmen. Sie müssen sich darüber im klaren sein, daß die Vögel keine Gegenstände sind, die man in eine Ecke stellen kann, wenn man gerade keine Lust hat, sich um sie zu kümmern. Sie fordern Ihre Zuwendung beständig. Sie kommen auch nicht umhin, ihnen einen einigermaßen artgerechten Lebensraum zu schaffen. Ganz wichtig ist der tägliche Aufenthalt außerhalb des Käfigs, auch wenn dieser noch so geräumig ist. Wellensittiche sind in freier Natur ausdauernde Flieger und brauchen die Möglichkeit des Freiflugs auch als Heimvögel dringend, um nicht träge und dick zu werden. Darüber hinaus sollten Kletterhilfen wie zum Beispiel ein Vogelbaum für die notwendige Bewegung sorgen. Auch ist zu bedenken, daß in der Wohnung viele Gefahren für den Vogel lauern. Es heißt also aufzupassen und zu verhindern, daß beispielsweise eine heiße Herdplatte oder die mit Wasser gefüllte Badewanne dem Vogel zum Verhängnis wird. Doch für alle »Pflichten« und »Einschränkungen« werden wir tausendfach entschädigt durch das muntere Treiben der Vögel. Es ist immer wieder ein Erlebnis, sie dabei zu beobachten, wie sie jeden erreichbaren Gegenstand auf seine Brauchbarkeit zum Spielen oder Zernagen hin untersuchen. Erfindungsreich zweckentfremden die Wellensittiche alles mögliche aus unserem Wohnbereich. Jede kleine Nische wird zur Probiernisthöhle, der Kugelschreiber in der Hand des Menschen zur Balancestange, kein Spalt ist eng genug, um sich nicht doch hindurchzustrampeln. Unbehagen und Protest machen sie ebenso deutlich wie Trauer, Liebe und überschäumende Lebenslust. Aus Begeisterung zwicken sie »ihren« Menschen manchmal, daß es weh tut. Dahinter steckt aber keine böse Absicht, sie wissen nur nicht, daß ihm das schützende Gefieder fehlt.

Haben Sie Wellensittiche zu Ihren Heimvögeln erkoren, besitzen Sie damit einen »Goldschatz«, den Sie durch artgerechte Haltung und liebevolle Zuwendung heben können.

Viele glückliche, erlebnisreiche Stunden mit Ihren Wellensittichen wünscht Ihnen

Annette Wolter

Die Kolbenhirse würde noch für ein paar andere Vögel reichen. Für einen allein ist sie viel zu viel.

Ein Partner, der das Köpfchen krault, wäre schön. So muß sich der Vogel mit der dicken Schnur behelfen.

Zuhause in Australien

Der kleine Wellensittich ist uns ein vertrauter Anblick, denn er gehört heute weltweit zu den beliebtesten Heimvögeln. Doch wo kommt dieser liebenswerte, muntere Kleinpapagei her?

Wildlebende Wellensittiche findet man nur in Zentral-Australien, wo sie ihr Leben unter harten Bedingungen meistern – in einem Klima, das ihnen tagsüber Hitze, nachts Kälte und lange Dürreperioden mit Wasser- und Nahrungsmangel beschert. Wie Nomaden durchstreifen die Vögel ihr Verbreitungsgebiet auf der Suche nach Futter und Wasser.

Zahlreiche Forscher haben mittlerweile über das Leben der australischen Wellensittiche im Schwarm, in der Schar und in der Familie berichtet. Die Kenntnis der Lebensweise in freier Natur hilft uns, den Wellensittich relativ artgerecht zu halten und keine Fehler zu machen, die ihm völlig »gegen die Natur« gehen.

Die »Gewellten«

Die australischen Eingeborenen, die Aborigines, nannten die kleinen Wellensittiche »Betcherrygah«, was soviel bedeutete wie »gutes Essen«. Offensichtlich ernährten sie sich unter anderem auch von erlegten heimischen Vögeln. Als der englische Naturforscher John Gould um 1840 von einer Entdeckungsreise ins Innere Zentral-Australiens die ersten lebenden Wellensittiche mit nach England brachte, nannte man sie dort in Anlehnung an ihren australischen Namen »budgerigar«. Charakteristisch für alle wildlebenden Wellensittiche ist die Färbung: gelber Kopf, grüner Bauch und auf Rücken und Hinterkopf das Wellenmuster, das den Vögeln ihren deutschen Namen gegeben hat.

Wissenschaftler sprechen heute vom *Melopsittacus undulatus Shaw*, dem »gewellten Singpapagei«, wenn sie den Wellensittich meinen. *Shaw* verweist auf den englischen Naturforscher Shaw, der den Wellensittich erstmals 1781 in dem Werk »Naturalists Miscellany« erwähnte.

Der zoologische Steckbrief des Wellensittichs sieht nun wie folgt aus:

Klasse: *Aves* (Vögel)
Ordnung: *Psittaciformes* (Handfüßler)
Familie: *Psittacidae* (Papageien)
Unterfamilie: *Psittacinae* (Echte Papageien)
Gattungsgruppe: *Platycercini* (Plattschweifsittiche)

Nicht alle Pärchen finden eine so ideale Bruthöhle. Manche nehmen mit einem Loch zwischen Wurzeln vorlieb.

Gattung: *Melopsittacus* (Singender Papagei)
Art: *Melopsittacus undulatus* (Wellensittich)
Unterarten (nach dem australischen Ornithologen Scoble): *Melopsittacus undulatus intermedius* (nördlicher Wellensittich) und *Melopsittacus undulatus pallidiceps* (westlicher Wellensittich)
Die Grundlagen für diese zoologische Einordnung hat der schwedische Naturforscher Carl von Linné (1707 – 1778) geschaffen. Er ging davon aus, daß kompliziert gebaute Lebewesen im Laufe ihrer stammesgeschichtlichen Entwicklung aus einfacher gebauten Lebewesen entstanden sind.

Wellensittich-Steckbrief

Heimat: Zentralaustralien.
Lebensraum: Heiße Halbwüsten, Gras- und Trockensteppen, bevorzugt entlang von Creeks (periodisch wasserführende Bäche und Flüsse).

Lebensweise: Stets in der Schar, fest verpaart. Große Schwärme ziehen nomadisch durch die Regionen auf der Suche nach neuen Nahrungsgründen.
Stammform: Grün mit gelber Maske und schwarz-gelber Wellenzeichnung auf Hinterkopf, Oberrücken und Flügeln.
Körperlänge: 18 bis 24 cm (von der Schnabelspitze über den Kopf bis zur Schwanzspitze).
Schwanz: 8 bis 12 cm.
Gewicht: 30 bis 40 g.
Lebenserwartung: 12 bis 14 Jahre.
Geschlechtsreife: Im Alter von 3 bis 4 Monaten.
Brut: Nach andauernden Regenfällen.
Mauser: Gegen Ende einer Brutperiode.
Eier pro Gelege: 4 bis 6.
Eiablage: Im Abstand von 2 Tagen.
Brutbeginn: Nach dem ersten oder zweiten Ei.
Brutdauer: 18 Tage.
Nestlingszeit: 28 bis 32 Tage.

Heißes, trockenes Land

Wellensittiche leben überall im heißen Zentrum von Australien, das von Gras- und Strauchsteppen bedeckt ist und ungefähr 70 Prozent des gesamten Kontinents ausmacht. Sie suchen dabei stets die Nähe von Wasserstellen und bevorzugen Bruthöhlen am Rand von Eukalyptuswäldern oder in den Eukalyptusbäumen entlang der Creeks – Flußläufe, die nur periodisch Wasser führen, aber meist von prächtigen Wassereukalypten bestanden sind.

Der tropische Norden Australiens erhält im Sommer und Herbst gewaltige Niederschläge, wogegen es im Süden des Landes heiße, trockene Sommer und Niederschläge erst im Winter gibt. Das Innere Australiens – die Heimat der Wellensittiche – liegt zwischen diesen beiden Klimazonen und hat keine regelmäßige Regenzeit. Oft fallen monate-, manchmal sogar jahrelang keine Niederschläge. Zur Tagesmitte hin kann die Temperatur bis zu 40 °C im Schatten und höher klettern. In den Nächten sind dagegen manchmal sogar Minusgrade möglich. Die Wellensittiche plustern sich dann auf und schlafen eng aneinander gekuschelt, um sich gegenseitig zu wärmen. Sie sind an einen 12-Stunden-Tag gewöhnt, denn in Äquatornähe geht die Sonne innerhalb von wenigen Minuten kurz nach sieben Uhr morgens auf und gegen sieben Uhr abends ebenso rasch wieder unter. Jeden Abend fliegen die Vögel in Schwärmen und mit viel Gezeter zu ihren Schlafbäumen. Haben sie sich darauf niedergelassen, wirkt ein solcher Baum wie mit vielen Blüten überzogen.

Leben wie die Nomaden

Ein Wellensittich lebt niemals allein, sondern immer in einer Schar von Artgenossen, zu der 20 bis 40, manchmal sogar an die 60 Vögel gehören. Die Schar bewohnt stets ein Gebiet, in dem sich eine Wasserstelle befindet, die in wenigen Flugminuten zu erreichen ist. Denn um die Nahrung – Grassamen und andere Körner, die nur wenig Feuchtigkeit enthalten – aufzuweichen, müssen Wellensittiche regelmäßig trinken.

In der Schar fliegen die Vögel zur Tränke und auf Nahrungssuche, in der Schar schlafen sie außerhalb der Brutzeit auf dem gemeinsamen Schlafbaum, und immer geht von einzelnen Vögeln ein Stimmungsumschwung auf die ganze Schar über. Ist beispielsweise ein Wellensittich durstig und hebt in Richtung Wasserstelle ab, folgt ihm alsbald die ganze Schar. Hat dagegen ein Vogel genug Nahrung aufgenommen und will wegfliegen, so können ihn einige wenige aus der Schar davon abbringen, indem sie kurz mit ihm auffliegen, sich aber sofort wieder am Boden niederlassen und essen. Das veranlaßt den satten Vogel, weiter bei der Schar auszuharren. Es handelt sich dabei um eine »weise« Maßnahme zum Schutz vor Feinden. Ein einzelner Vogel kann leichter zur Beute werden als ein Vogel inmitten einer Schar.

Wird das Nahrungsangebot im Lebensraum der Schar knapp oder ist die Wasserstelle am Versiegen, beginnt das Nomadenleben der Wellensittiche. Sie fliegen zunächst morgens und abends stundenlang über dem nun kargen Wohngebiet. Täglich steigen die Vögel höher auf, wobei die überragende Flugkunst der Wellensittiche erstaunt. Mitten im Flug ändert die Schar plötzlich ihre Richtung, ohne daß auch nur ein Vogel aus der Formation ausbricht. Diese Flüge unterscheiden sich deutlich von der sonst so zielstrebigen Nahrungssuche und dienen wohl dazu, die gesamte Schar in Aufbruchstimmung zu bringen.

Manche Ornithologen vermuten beim Wellensittich einen Instinkt für das Naturereignis Regen, denn Regen bedeutet neue Nahrungsgründe, Wasserstellen, Nachkommen und damit Überleben. Auf dem Weg zu diesem oft Hunderte von Kilometern entfernten neuen »Garten Eden« treffen viele Scharen aufeinander und vereinen sich zu Schwärmen bis zu 2000 Vögeln. Sie finden immer die Gebiete, in denen es noch Wasser gibt und Samen in den Gräsern stecken. Anschließend lösen sich die Schwärme wieder auf, und jede Schar sucht sich gesondert ein Plätzchen.

Lebenslang vereint

Sobald Regenfälle einsetzen, fangen die Männchen an zu balzen, um die Weibchen in Hochzeitsstimmung zu bringen. Mag ein Weibchen das werbende Männchen nicht, hackt es energisch nach ihm, wenn es sich balzend nähert. Findet das Weibchen allerdings Gefallen an ihm, so wird es bald mit ihm schnäbeln, sich füttern und kraulen lassen.

Eine einmal eingegangene Bindung zwischen Wellensittichen dauert wie bei den meisten Papageien ein Leben lang. Lediglich der Tod eines Partners kann Anlaß zu einer neuen Paarbildung geben. Diese lebenslangen Wellensittich-Ehen haben den großen Vorteil, daß die Vögel keine Zeit mehr durch die Partnerwahl verlieren, wenn die Regenfälle einsetzen, denn dann ist in absehbarer Zeit halbreife Nahrung für die Aufzucht der Brut vorhanden.

Ohne Regen keine Brut

Gebrütet wird, wenn es regnet oder andauernd geregnet hat. Regen bringt Wasser und etwas Kühle, läßt neues Grün sprießen. Die Paare begeben sich nun unverzüglich auf die Suche nach geeigneten Nisthöhlen, wobei solche in hohen Eukalyptusbäumen bevorzugt werden. Ein Baum bietet oft Brutplätze für acht Paare und mehr. Wer kein Baumloch ergattern kann, gräbt eine Höhle zwischen den Baumwurzeln, besiedelt liegende Baumstämme oder bezieht die verlassene Niströhre eines Eisvogels. Die Männchen spüren Bruthöhlen auf und zeigen sie ihren Weibchen. Diese nehmen an oder lehnen ab. Wenn sie annehmen, sind sie tagelang damit beschäftigt, das Innere der Höhle

brauchbar herzurichten. Sie erweitern beispielsweise mit dem Schnabel die Nistmulde und das Einschlupfloch und glätten die Innenwände. Alles findet in engster Nachbarschaft mit den übrigen Brutpaaren statt, denn durch ihre Aktivitäten bringen sich die Wellensittich-Paare gegenseitig in Balz- und Brutstimmung. Bald liegen die ersten Eier in der schützenden Höhle, kommt es doch darauf an, keine Zeit zu verlieren. Ungefähr 18 Tage nach dem ersten Regen hat die Natur nämlich zartes Grün mit halbreifen Sämereien bereit, die ideale Aufzuchtnahrung für junge Wellensittiche.

Balz, Kopulation, Brut und Nestlingszeit laufen bei den australischen Wellensittichen so ab, wie es im Kapitel »Vogelnachwuchs« (→ Seite 82 bis 89) für unsere domestizierten Vögel beschrieben wird. Ein Unterschied besteht allerdings darin, daß in Australien das Männchen erst dann zum Füttern der Küken in die Nisthöhle darf, wenn diesen bereits die

Federn wachsen. Des weiteren werden die flüggen Nestlinge kaum noch vom Vater gefüttert. Sie begleiten ihre Eltern bereits bei der Nahrungssuche und lernen durch Nachahmen. Während der Brut wird das Weibchen zur Futterübergabe vom Männchen durch Rufe zum Einschlupfloch gelockt. Sind alle Nestlinge befiedert, hudert das Weibchen nicht mehr. Es verläßt dann öfter die Bruthöhle und fliegt mit der Schar auf Nahrungssuche.

Kurz vor dem Ausfliegen nehmen auch die Nestlinge die Nahrung im Einschlupfloch entgegen und machen sich durch den Ausblick mit der Welt vertraut.

Weites Land

Von allen auf der Welt vorkommenden Papageien- und Sitticharten, darunter auch der Wellensittich, lebt etwa ein Sechstel in Australien, dem 5. Kontinent, der ungefähr 30mal so groß ist wie Deutschland. 1606 wurde die Nordküste Australiens und erst 1770 die Ostküste entdeckt. Während im niederschlagsreichen Norden regengrüne Wälder überwiegen, wird der größte Teil des inneraustralischen Trockengebiets von Hartlaubgehölzen und Savannen beherrscht.

Auf der Suche nach Nahrung ziehen solche Wellensittich-Schwärme übers Land.

Dabei wird jeder Tümpel, jeder Fluß für eine Erfrischung genützt.

Entdeckt hat die Höhle das Männchen. Jetzt entscheidet das Weibchen, ob es darin brüten will.

Mausern muß sein

Geht eine Brutperiode im australischen Busch zu Ende, beginnen die Elterntiere mit der Mauser, wobei das Gefieder partiell durch neue Federn ersetzt wird. Bis zum Ausfliegen der letzten Nestlinge ist das Gefieder wieder intakt. Die Vögel sind dann für den Antritt der langen Reise zu neuen Nahrungsgründen gerüstet. Gibt es über längere Zeit keine Brut, weil der Regen ausbleibt, mausern die Wellensittiche meist bei Temperaturschwankungen, aber nur gering.

Niemals erneuern Wellensittiche im Freileben während der Mauser ihr Gefieder völlig, denn eine Beeinträchtigung des Flugvermögens wäre lebensbedrohlich für sie.

Wellensittich-Alltag

Das Leben verläuft nach der Brut wieder völlig in der Schar, in der die Paare jedoch weiterhin enge Verbindung halten. Vor allem morgens und spätnachmittags fliegen die Vögel gemeinsam zur Nahrungsaufnahme. Am liebsten nehmen sie halbreife Grassamen. Wenn es lange nicht regnet, ernähren sie sich aber auch von getrockneten Sämereien. Sie suchen sie nicht nur am Boden, sondern erklettern auch die Halme, um an die Nahrung zu gelangen. Australische Beobachter meinen, daß Wellensittiche auch kleine Insekten mit ihrer Nahrung aufnehmen. Im Kropf einiger Vögel hat man jedenfalls derartige Reste gefunden.

Mindestens zweimal täglich fliegt die Schar zur Wasserstelle, um zu trinken. An heißen Tagen benötigen die Vögel sogar ungefähr alle drei Stunden Wasser. Meist werden die wenigen Schlückchen vom seichten Ufer aus aufgenommen, manche Vögel stehen beim Trinken auch bis zum Bauch im flachen Wasser. Darin nehmen die Vögel allgemein gerne ein Bad, wobei sie zuerst das Köpfchen ins Wasser tauchen, dann beide oder wechselseitig einen Flügel ausbreiten und sich den Rücken bespritzen. Das Bedürfnis nach Feuchtigkeit können Wellensittiche auch bei der morgendlichen Nahrungssuche durch ein Bad im taunassen Gras befriedigen.

Während der heißen Mittagsstunden ruhen sie im Schatten der Baumwipfel, pflegen ihr Gefieder, zwitschern leise und fallen einem Beobachter kaum auf.

Vom leisen Gezwitscher zum Alarmruf

Das leise Gezwitscher während der Ruhepausen wirkt beruhigend auf die Schar. Es versichert: »Du bist nicht allein, alle sind da.« An den Lautäußerungen erkennen Wellensittiche nämlich die vorherrschende Stimmung, die bestimmte Nachricht, an den feinen Nuancen des Rufens sogar den Artgenossen als Individuum. Auf weiten Flügen lassen Wellensittiche mitunter Rufe hören, die den Schwarm zusammenhalten. Bei der Nahrungssuche geben sie kaum Laute von sich. Nur manchmal ist ein leises Rufen zu hören, das wohl besagen will: »Ich bin hier, wo seid ihr?« Auf den schrillen Alarmruf eines Vogels reagiert die Schar sofort mit pfeilschnellem Abflug.

Noch viel nuancierter ist die Verständigung zwischen den einzelnen Brutpaaren. Sie ist notwendig, um die Mindestabstände zu respektieren und das Leben in der Kolonie weitgehend ohne Aggressionen bestehen zu können.

Schließlich müssen auch die Ehepartner untereinander durch stimmlichen Kontakt zu einer für den Nachwuchs lebenswichtigen Übereinstimmung kommen. Gerade die Fähigkeit zu derart differenzierten Lautäußerungen einerseits und der sensible Hörsinn andererseits sind die Voraussetzungen für die Begabung des Wellensittichs, in menschlicher Umgebung Wörter einer »Fremdsprache« zu erlernen.

Feinde in Sicht

Wellensittiche zeigen eine erstaunliche Anpassung an ihre Umgebung. Trotzdem ist es für die kleinen Papageien nicht leicht, ihre Kinder durchzubringen. Sie haben wie alle Tiere in freier Wildbahn Raub- und Freßfeinde sowie Konkurrenten um ihre Bruthöhle. Rauchschwalbe und Höhlenschwalm – ein etwas plump gebauter, eulenartig aussehender Vogel – vertreiben mitunter Wellensittichweibchen aus ihren Höhlen, um selbst dort zu nisten.

Wellensittich-Küken, die ihren Kopf durch das Einschlupfloch stecken, um lautstark nach Futter zu betteln, locken damit auch feindliche Vögel an. Der Fleischervogel etwa zieht sie aus der Höhle und frißt sie. Schlangen können brütenden Wellensittichen ebenfalls gefährlich werden.

Ihren Feinden setzen Wellensittiche einiges entgegen. Mit ihrer grünen Färbung sind sie im Schatten der hohen Bäume gut getarnt. Außerdem sind ihre Flugkünste enorm. Sogar der auf fliegende Beutetiere spezialisierte Wanderfalke geht häufig leer aus. Bemerken die Wellensittiche einen Greifvogel, so stoßen sie einen Alarmruf aus und fliegen sofort davon. Durch ihre Fähigkeit, mitten im Schnellflug die Richtung zu ändern, entkommen sie meist ihren Verfolgern.

Gegen Naturkatastrophen wie Dürre, Hitze oder Buschfeuer können sich auch die Wellensittiche nicht wirksam schützen. Sie versuchen allerdings durch rege Fortpflanzung die mitunter riesigen Verluste auszugleichen.

Eine große Bedrohung für den Wellensittich ist der Mensch selbst. Zwar stellt er heute dem Wellensittich nicht mehr nach – seine einstmaligen Jäger, die Aborigines, ernähren sich längst wie die weiße Bevölkerung Australiens –, gefährdet aber Teile seines Verbreitungsgebietes durch gezielte industrielle Nutzung.

Mensch und Wellensittich

Wellensittiche leben in freier Natur niemals als Einzelgänger. Alle Unternehmungen von der Futtersuche bis zum Trinken werden gemeinsam gemacht. Wird der Wellensittich als Heimvogel einzeln gehalten, schließt er sich aus seinem Bedürfnis nach Gesellschaft den Menschen eng an. Sie werden mangels Artgenossen zu seiner »Schar«. Ein Einzelvogel braucht sehr viel Zuwendung, Ansprache und Beschäftigung, damit das Leben in der Wohnung für ihn nicht langweilig und trist wird. Wenn Sie sich dieser Verantwortung bewußt sind und sich entsprechend verhalten, können Sie an Ihrem Vogel sehr viel Freude haben. Eine Paarhaltung ist aber in jedem Falle für die Vögel wesentlich günstiger als die Einzelhaltung.

Ein Vogel erobert Europa

Es war der englische Forscher John Gould, der 1840 zunächst einige Bälge, später dann lebende Wellensittiche von Australien nach England brachte, wo sie großes Aufsehen erregten. Die Menschen fanden Gefallen an den Vögeln, obgleich sie noch nicht ahnen konnten, was für gescheite, quicklebendige Lebewesen Wellensittiche sind. Zunächst war es schwierig, sie am Leben zu erhalten, da man nicht so recht wußte, wovon sie sich ernähren, welche Bedürfnisse sie überhaupt haben.

Der Wellensittich hat sich die Herzen der Menschen auf Anhieb erobert. Doch der Preis war aus unserer heutigen Sicht unverantwortlich hoch. Tausende und Abertausende der Vögel überstanden die wochenlange Schiffsreise nicht. Die Überlebenden starben meist bald im neuen Domizil, denn Haltung und Ernährung waren keineswegs artgerecht. Aber das Bemühen der Halter und die zähe Lebenskraft der Vögel brachten letztlich Erfolge. Man fand heraus, welche Sämereien ihnen bekamen und entdeckte durch Zufall, daß Wellensittiche Höhlenbrüter sind. Ein Halter hatte seinem Pärchen eine leere Kokosnuß mit Einschlupfloch als Spielzeug in den Käfig gehängt, woraufhin das Weibchen sofort erfolgreich mit Brut und Jungenaufzucht begann.

Holland und Belgien waren damals die Einfuhrländer für den Wellensittich. Allein Frankreich benötigte bald 100 000 Vögel im Jahr für eine Zuchtstation in Toulouse.

Die weißen Flecken auf den Handschwingen bilden im Flug bei ausgebreiteten Flügeln zwei leuchtende Streifen.

1872 gab es in Belgien die ersten gelben Wellensittiche zu sehen, und 1910 wurde in England erstmals ein blaues Pärchen ausgestellt, das große Bewunderung errang und einige Vogelliebhaber veranlaßte, für blaue Wellensittiche hohe Preise zu bezahlen.

Australien sah sich schon Ende des 19. Jahrhunderts gezwungen, eine rigorose Ausfuhrsperre für Wellensittiche zu verhängen, da die Bestände im Lande beängstigend abgenommen hatten. Die Zuchterfolge waren jedoch in Europa inzwischen so zufriedenstellend, daß man auf weitere Importe verzichten konnte.

1990 gedachte man in Fachzeitschriften und Zuchtvereinen der 150jährigen Wellensittichzucht und würdigte die Züchter, die sich seit dem ersten Auftauchen dieser kleinen Papageien in Europa um den Wellensittich als Heimtier verdient gemacht haben. Ich denke dabei an die Züchter, die eine Vermehrungszucht

Wer einmal frei fliegende Wellensittiche beobachten konnte, wird diese gewandten Flugkünstler niemals zu einem ausschließlichen Käfigdasein zwingen. Ein Vogel, der nicht fliegen darf, ist eine ebenso arme Kreatur wie beispielsweise ein Goldfisch, der in einem Einweckglas gehalten wird.

betreiben mit dem Ziel, Vogelliebhabern den Wunsch nach einem gesunden, munteren Heimtier zu erfüllen. Reichtum läßt sich damit sicher nicht verdienen, höchstens ein bescheidenes Zubrot. Diese Züchter müssen ebenso in den Wellensittich vernarrt sein wie ich.

Familienmitglied Wellensittich

Wer sich einen Wellensittich als Hausgenossen wünscht, hat eigentlich immer das Idealbild vom Wellensittich vor Augen: liebenswert, munter, zahm und sprechend. Doch das ist der Wellensittich nicht von Haus aus. Schon vor dem Gang zur Zoofachhandlung oder zum Züchter sollten Sie sich klar darüber sein, daß es auf Sie ankommt, ob Ihr künftiger Wellensittich scheu und ängstlich bleibt oder ein couragiertes Familienmitglied wird. Nur wenn Sie viel Zeit für ihn haben und in den ersten Wochen sehr behutsam mit ihm umgehen, wird es Ihnen gelingen, sein Vertrauen zu gewinnen. Alle Familienmitglieder sollten bereit sind, sich mit ihm zu beschäftigen und Gefahren abzuwenden. Jeder gesunde Wellensittich, der im Alter von

etwa sechs Wochen in menschliche Gesellschaft kommt, wird höchstwahrscheinlich bei viel Zuwendung zahm.

Sprechen ist nicht alles

Zwar haben Wellensittiche als »Echte Papageien« das Talent, Geräusche nachzuahmen, aber daraus resultiert noch lange nicht, daß sie auch sprechen werden. Viele ahmen die Türklingel nach, das Läuten des Telefons, Hundegebell, den Amselgesang oder das Husten eines Menschen. Um dies zu tun, muß der Vogel sich wohlfühlen, entspannt in seiner Umgebung leben und vor allem genügend Anregungen haben. Ist er zum Sprechen motiviert, wird er schon bald die ersten Wörter probieren und auch kleine Sätze sprechen. Sie haben es in der Hand, ob sich sein Sprachschatz erweitert oder ob es bei einigen Wörtern bleibt. Reden Sie mit dem sprechenden Wellensittich viel, am besten in gleichen Situationen immer das gleiche. So können Sie ihn morgens mit »Guten Morgen, hast du gut geschlafen?« begrüßen und abends mit »Gute Nacht, wir gehen alle schlafen«

Als Einzelvogel wird ein Wellensittich längst nicht so eifrig fliegen wie mit einem Vogelpartner, denn zwei Vögel regen sich zu immer neuen Flugrunden an. Allein gehalten braucht der Vogel besonders viel Zuwendung vom Menschen, dem er möglichst oft entgegen- oder nachfliegen will.

Vom Freisitz aus startet der Wellensittich zu seiner Flugrunde.

Pärchen nützen den Flugraum optimal.

Leben mehrere Wellensittiche in einem genügend großen Raum, können ihnen zwei Freisitze viel Abwechslung bringen und sie zu regelrechten Fangspielen verführen.

Deutlich sieht man die Wellenbewegung beim Flügelschlag nach unten.

verabschieden. Sie werden bald erleben, daß der Vogel Ihnen entsprechend antwortet und diese Sätzchen für ihn unverzichtbare Tradition werden.

So drollig ein sprechender Wellensittich sein mag, wenn er im richtigen Moment das Richtige sagt, so hinreißend kann aber auch ein Wellensittich sein, der ohne Worte zu erkennen gibt, was er will und das mit seinem ganzen Charme durchsetzt. Ein solcher Ausbund an Gewitztheit war der Wellensittich Maxi, ein besonders zierlicher blau-weißer Schecke, der pfiff wie ein Gassenjunge und ein leidenschaftlicher »Klavierspieler« war. Ein Junge aus Maxis Familie spielte nämlich Klavier. Maxi saß täglich während der Übungsstunde auf der Schulter seines Freundes, um zuzuhören. War er dann wieder in seinem Zimmer, stürzte er sich auf ein Spielzeugklavier, dessen Tasten er mit seinem Gewicht niederdrücken konnte. Maxi sauste im Sturmschritt darüber und war sichtlich ergriffen von den Harmonien, die er da erzeugte.

Glücklich zu zweit

Ob ein Wellensittich nun in einer Familie lebt, wo mehrere Menschen sich mit ihm beschäftigen und er Freundschaften schließen kann, oder ob er in enger Partnerschaft mit nur einem Menschen lebt, es wird vorkommen, daß der Vogel über Stunden, manchmal sogar über Tage oder Wochen viel sich selbst überlassen ist. Dann plagt den Halter das schlechte Gewissen, aber das kann er dem Vogel nicht erklären. Und für das Alleinsein hat dieser kein Verständnis, denn Wellensittiche sind Schwarmvögel, leben in fester Ehe und sind somit in Natur niemals allein. Ihr gesamtes Leben spielt sich in Freiheit mit dem Lebenspartner und inmitten der Schar ab.

Ein zu oft alleingelassener Wellensittich trauert, kann sich die Federn ausrupfen, ernstlich krank werden und sogar sterben. Gesellen Sie Ihrem Wellensittich aber einen zweiten hinzu, so empfinden diese eine »Vernachlässigung« nicht ganz so schlimm. Sie haben sich ja gegenseitig und fühlen sich nicht einsam.

Wenn zwei Wellensittiche friedlich miteinander leben, sind sie bei vorbildlicher Haltung bestimmt besser dran als der geliebte Einzelvogel. Sie haben keinerlei Schwierigkeiten bei der Verständigung und können ihr gesamtes Verhaltensrepertoire ausleben. Der eine hat im anderen für alle Unternehmungen einen echten Partner. Denn der Partner Mensch kann nicht fliegen, schläft nicht dicht bei ihm, ißt nicht in seinem Käfig, läßt sich nicht füttern und kann auch nur mangelhaft kraulen. Zwei Wellensittiche animieren sich fortwährend zu irgendetwas, bewegen sich und fliegen viel, suchen und finden immer neue Verstecke und Aufenthaltsplätze.

Mit einer umsichtigen Eingewöhnung des zweiten Vogels (→ Seite 47) läßt sich auch der Einwand entkräften, der erste Wellensittich könne seine Zutraulichkeit gegenüber den Menschen verlieren oder aufhören zu sprechen.

Der zweite Vogel: Männchen oder Weibchen?

Es spielt keine Rolle, ob Sie Ihrem Wellensittich einen gleich- oder andersgeschlechtlichen Artgenossen zum Partner geben. Wichtig ist nur, daß die Vögel sich vertragen. Es kommt selten vor, daß sich zwei Wellensittiche überhaupt nicht mögen und sich ständig jagen und bekämpfen. Für diesen Fall sollten Sie mit dem Züchter bereits beim Kauf eine Rückgabemöglichkeit vereinbaren. Vertragen die Wellensittiche sich, obgleich es zwei Weibchen oder zwei Männchen sind, so wird einer der beiden in die Rolle des fehlenden Geschlechts schlüpfen. Der Friede ist garantiert. Nur wer den Wunsch nach Nachwuchs hegt, sollte beim Erwerb auf das richtige Geschlecht des zweiten Wellensittichs achten.

Wichtig: Versuchen Sie nicht, zwei Weibchen mit nur einem Männchen zu halten. Die Weibchen werden sich bis aufs Blut bekämpfen. Entweder halten Sie echte Paare oder nur Vögel gleichen Geschlechts.

Paßt ein Wellensittich zu mir?

Zehn Punkte, die Sie bedenken sollten, bevor Sie sich einen Wellensittich anschaffen:

1. Durchschnittlich lebt ein Wellensittich zehn bis zwölf Jahre, in denen Sie die Verantwortung für ihn tragen. Er könnte aus Trauer sterben, wenn Sie ihn nach ein paar Jahren verschenken, weil Sie seiner überdrüssig sind.
2. Können Sie dem Vogel einen festen und ihm angenehmen Platz zur Verfügung stellen?
3. Kümmern Sie sich auch sorgfältig um den Vogel, wenn er aus unersichtlichen Gründen nicht zutraulich wird und auch nicht sprechen lernen will?
4. Haben Sie genügend Zeit für ihn? Er muß täglich versorgt werden und braucht mehrmals täglich Ihre Gesellschaft, Ihre Zuwendung.
5. Ein Wellensittich muß fliegen und braucht Licht und frische Luft. Um dies gefahrlos für den Vogel zu ermöglichen, muß das Zimmer vogelsicher hergerichtet werden (→ Seite 41).
6. Ein Vogel macht Dreck. Trotz der Bodenschale des Käfigs gelangen Hülsen der Samen auf den Boden. Während der Mauser fallen ihm viele Federn aus, die vom leisesten Luftzug davongetragen werden. Wo immer der Vogel sitzt, läßt er alle 12 bis 15 Minuten ein Kotkügelchen fallen.
7. Sind Sie Skifahrer, »Sonnenanbeter«? Wie gestalten sich Ihre Wochenenden? Man kann einen Wellensittich nicht regelmäßig zwei Tage hintereinander völlig allein lassen.
8. Was geschieht mit ihm, wenn Sie in Urlaub fahren, verreisen müssen oder einmal krank werden? Sie müssen einen verläßlichen, liebevollen Ersatzpfleger finden.
9. Der Vogel kann erkranken. Sie müssen ihn dann zum Tierarzt bringen, was zusätzlich Zeit und Geld kostet. Sind Sie dazu bereit?
10. Sind Sie sicher, daß niemand in Ihrer Familie allergisch gegen Gefiederstaub ist? Sollten Sie Zweifel haben, so fragen Sie sicherheitshalber Ihren Arzt (→ Wichtige Hinweise, Seite 141).

Frische Zweige und Grünpflanzen sorgen für reichlich Beschäftigung und bieten wertvolle Nährstoffe.

Wenn Max vorliest, will der Vogel ihm ganz nah sein.

Wellensittiche als Gefährten der Kinder

Viele Kinder möchten oder haben bereits einen Wellensittich. Das Aufwachsen mit Tieren und das Versorgen eines Tieres gibt Kindern die Möglichkeit, wichtige Erfahrungen zu sammeln. So können sie am besten lernen, was es heißt, Verantwortung zu übernehmen. Dennoch sollten Sie einen Wellensittich keinesfalls nur als »Kindervogel« anschaffen, sondern vielmehr als »Familienvogel«, für den sich alle Familienangehörige verantwortlich fühlen.

Könnte der Wellensittich sich in unserer Sprache genauso ausdrücken wie wir, würde er einen Tag in seinem Leben, an dem er sich rundum wohlfühlt, vermutlich so schildern:

Sindy erzählt

Ich bin ein grünes, wildfarbenes Wellensittich-Weibchen und heiße Sindy. Schon seit zwei Monaten lebe ich bei Monika, Hans und der kleinen Kathrin und habe also »meine« Schar. Vor allem Kathrin kümmert sich nett um mich. Bevor sie morgens zur Schule geht, kommt sie in mein Zimmer und begrüßt mich mit den Worten: »Guten Morgen, Sindy, deine Kathrin bringt dir etwas Gutes.« Ich freue mich schon jedesmal auf den Klang ihrer Stimme und antworte ihr mit Pfeifen, weil ich noch nicht reden kann. Während sie mir frische Körner und frisches Wasser in die Näpfchen füllt, sitze ich auf der obersten Stange in meinem Käfig und schaue ihr zu. Anfangs hatte ich ja Angst, wenn ihre große Hand in den Käfig faßte. Doch sie hat jedesmal so nett zu mir gesprochen, daß ich allmählich weniger Angst hatte und mich sogar getraut habe, auf ihre Hand zu setzen. Jetzt gibt sie mir täglich Kolbenhirse in ihrer Hand, und das mag ich gerne.

Wenn Kathrin in der Schule ist, kommt Monika zu mir. Sie macht das Käfigtürchen auf, und ich kann raus. Zuerst fliege ich zehnmal rund ums Zimmer und dann setze ich mich auf den Vogelbaum, meinen Lieblingsplatz. Dort habe ich auch eine Schaukel, ein Glöckchen und die vielen Äste zum Benagen. Wenn Monika an ihrem Schreibtisch sitzt, kann ich endlich zu ihr fliegen und mich auf dem Schreibtisch aufhalten. Dort gibt es auch so viele verlockende Sachen. Monika versucht manchmal, mich zu vertreiben. Sie wirft kleine Papierkugeln nach mir, aber ich packe die Kugeln mit dem Schnabel und werfe sie hinunter. Das ist was Feines! Und Monika hat viele Papierkugeln. Wenn sie hinausgeht, nütze ich die Zeit und putze mir ausgiebig das Gefieder. Meistens bringt mir Monika dann Obst oder Gemüse. Erdbeeren mag ich besonders gerne. Monika hält mir die Erdbeere hin, so daß ich die kleinen Samen davon abpicken kann. Danach beiße ich aber auch fest in die Frucht und trinke den Saft.

Jeden Nachmittag kommt Kathrin mit der Dusche zu mir. Anfangs sollte ich ins Badehäuschen tauchen, doch vor so viel Wasser habe ich einfach Angst. Und da ist Kathrin auf die Idee gekommen, mich mit der Wassersprühflasche abzuduschen. Und das finde ich herrlich.

Am Abend setze ich mich auf die Schulter von Hans, wenn er Zeitung liest. Oft erzählt er mir dabei etwas. Wenn er das aber vergißt, klettere ich seinen Arm hinunter und zupfe ein bißchen an der Zeitung.

Wenn ich dann müde bin, setze ich mich auf meinen Schlafast neben meinem Spiegelchen, stecke den Schnabel ins Rückengefieder und

Die kleinen Beeren schmecken dem Vogel. Aber man muß sie für ihn festhalten, damit er hineinbeißen kann.

schlafe bald ein. Aber einmal werde ich noch wach, denn Kathrin kommt zum Lichtaus-machen und wünscht mir dabei »Gute Nacht«. Ich versuche schon ständig, das zu lernen. Wenn ich es kann, sage ich zu ihr auch »Gute Nacht«!

Liebenswerter Wellensittich

Im Laufe der Jahre haben mir viele Kinder von ihren Wellensittichen erzählt. Aus den »Liebes-erklärungen« an den Vogel drei Beispiele:

• Erika erzählt: »Es macht mir Spaß, mit mei-nem Wellensittich zu spielen. Wenn ich von der Schule nach Hause komme, wartet er schon auf mich. Dann spielen wir mit dem geliebten Git-terbällchen. Ich lasse es über den Boden rollen und er jagt hinterher. Davon kann er kaum ge-nug kriegen. Aber wenn er vom Toben müde ist, kommt er auf meine Schulter und drückt sich ganz nah an mich.«

• »Meinem Wellensittich kann ich alle kleinen Geheimnisse anvertrauen«, berichtet Monika. »Er sitzt dabei auf meiner Hand, lauscht auf-merksam meinen Worten und bekommt einen ganz verständnisvollen Blick. Er hat mich schon oft getröstet.«

• Max meint: »Meine beiden Wellensittiche sind wahre Kletterkünstler. Wenn ich ins Zim-mer komme, führen sie mir oft ihre Kunststück-chen auf dem Vogelbaum vor. Den habe ich für sie zusammen mit meinem Vater gebaut.«

Ein Wellensittich für das Kind

Wenn Sie den Wunsch Ihres Kindes nach einem Wellensittich erfüllen, dann lassen Sie das Kind schon an den nötigen Vorbereitungen teil-haben. Erzählen Sie ihm viel vom Leben der Wellensittiche in freier Natur, von der lebens-lang dauernden Ehe der Pärchen, wie sie ihre Jungen großziehen und welch gesellige Wesen

Das schönste Spielzeug ist das Gitterbällchen, ...

... aber mit Papier läßt sich auch etwas anfangen.

Wellensittiche sind. Machen Sie Ihr Kind auch darauf aufmerksam, daß der Wellensittich kaum die Besitzverhältnisse respektieren wird, sondern sich zu dem Menschen hingezogen fühlt, der behutsam mit ihm umgeht, den er oft um sich hat, der mit ihm spielt und ihn versorgt. Machen Sie gemeinsam mit Ihrem Kind einen Plan, was alles zu tun ist, bevor der Wellensittich heimgeholt wird und besprechen Sie, wie bestimmte Aufgaben sinnvoll auf die Familienmitglieder verteilt werden können.

Kinder im Vorschulalter bis zu sieben Jahren dürfen dem Wellensittich nach dem Eingewöhnen zum Beispiel täglich zur gleichen Zeit einen kleinen Leckerbissen geben. Darauf wird sich der Vogel freuen und den kleinen Spender rasch als angenehmes Mitglied seiner Schar einstufen.

Kinder von sieben bis zu zehn Jahren können für den Wellensittich Futter einkaufen und ihm dabei von ihrem Taschengeld ab und zu ein kleines Spielzeug mitbringen. Je nach Geschicklichkeit der Kinder kann man ihnen in diesem Alter auch schon das Saubermachen des Käfigs anvertrauen, vorausgesetzt, der Käfig ist nicht zu schwer für sie. Aber wenigstens sollte man die Kinder bei der wöchentlichen Großreinigung helfen lassen.

Kinder über zehn Jahre versorgen ihren Wellensittich schon allein. Den Eltern bleibt aber nicht

erspart, darüber zu wachen, ob der Vogel genügend Nahrung erhält und ständig ausreichend Samen und frisches Wasser zur Verfügung hat. Auch vom Wohlbefinden des Vogels müssen sich die Eltern täglich überzeugen, um zum Beispiel den Beginn einer Erkrankung sofort zu erkennen.

Besonders wichtig: Fordern Sie Ihr Kind auf, Ihnen alles zu erzählen, was es an seinem Vogel entdeckt. Fragen Sie beispielsweise nach dem Sprech- oder Pfeiftalent des Vogels, womit er gern spielt, was er besonders gern ißt, ob er einen festen Schlafplatz hat, einen bevorzugten Sitzplatz. Nur wenn Ihr eigenes Interesse wach bleibt, regen Sie auch Ihr Kind zum genauen Beobachten an.

Kinder basteln Wellensittich-Spielzeug

Damit es den Vögeln nicht zu langweilig wird, brauchen sie ein paar Spielsachen. Du kannst sie im Zoofachhandel kaufen, Deinem Vogel aber auch selbst etwas basteln, was Dir und ihm sicherlich viel Spaß macht und nicht so teuer ist.

Bastquasten eignen sich hervorragend zum Spielen, weil die Vögel gern daran zupfen und mit den Schnäbeln an den Fäden ziehen. Zum Basteln brauchst Du nur naturfarbenen Bast. Schneide vom Bast 15 bis 20 Stücke mit einer Länge von etwa 15 cm ab. Fasse sie zu einem Bündel zusammen und knicke sie in der Mitte ab. Wickle nun etwa 2 cm unterhalb des gebogenen Endes ein Stück Bast fest herum, damit die einzelnen Fäden zusammenhalten, und verknote es. Durch die oben entstandene Schlaufe ziehst Du ein weiteres Stück Bast und bindest damit die Bastquaste am Käfigdach oder an einem Ast des Vogelbaum fest.

Eine Schaukel läßt sich ebensogut herstellen. Du brauchst dazu einen kleinen Naturast (etwa 10 cm lang und 1,2 bis 2 cm dick), zwei etwa 25 cm lange Drahtstücke und naturfarbenen Bast. Bürste den Naturast zuerst mit warmem Wasser ab und reibe ihn trocken. Wickle dann an den Astenden jeweils ein Drahtstück zweimal fest herum und biege das obere Drahtende so weit um, daß Du es bequem ins Gitter des Käfigdaches einhängen kannst. Doch bevor Du die Schaukel in den Käfig hängst, mußt Du den Draht noch mit Bast umwickeln, damit der Vogel sich nicht daran verletzen kann. Den Bast von Zeit zu Zeit erneuern, da der Vogel sicherlich daran zupft.

Einen Gardinenring aus Holz kannst Du ebenfalls mit Bast umwickeln und mit einem Bastfaden beziehungsweise einer Kordel in den Käfig oder an den Vogelbaum hängen. Die Vögel wetzen gerne ihren Schnabel daran oder benützen den Ring zum Schaukeln.

»Goldene Regeln« für junge Wellensittichbesitzer

Wenn Du einen Wellensittich bekommst, mußt Du wissen, daß Du damit einen kleinen Schatz besitzt. Ein Wellensittich ist gescheit und beobachtet Dich ganz genau. In der ersten Zeit ist er wahrscheinlich scheu und ängstlich, aber je besser er Dich kennenlernt, desto zutraulicher wird er, wenn Du es vermeidest, ihn zu erschrecken. Beachte die folgenden Punkte, dann wirst Du bald einen zahmen Vogel haben:
• Bring ihm täglich zur gleichen Zeit einen Leckerbissen. Du mußt aber zuerst herausfinden, was der Vogel besonders gern ißt.
• Gehe niemals auf den Käfig zu, ohne mit dem Vogel zu sprechen. Vor stummen Lebenwesen haben alle Vögel Angst.
• Wenn Du in den Käfig greifen mußt, sprich dabei beruhigend mit dem Vogel.

• Bleibe mehrmals am Tag so nahe beim Käfig, daß der Vogel Dich gut sehen kann und sprich zu ihm. Nenne dabei häufig seinen Namen und singe oder pfeife ihm leise etwas vor.
• Wenn Du ihn zum Freiflug aus dem Käfig läßt, sorge dafür, daß Fenster und Türen geschlossen sind, sonst kann der Wellensittich leicht wegfliegen.
• Wenn er frei im Zimmer sein darf, solltest Du nicht versuchen, ihn anzufassen oder ihn gar in die Hand zu nehmen, denn das würde ihn zu sehr erschrecken. Kommt der Vogel aber von sich aus zu Dir, setzt sich vielleicht auf Deine Schulter oder Deine Hand, dann ist ihm die Berührung mit Dir angenehm und Du kannst versuchen, mit ihm zu spielen oder ihn vorsichtig zu streicheln.
• Ist der Wellensittich schon gut vertraut mit Dir, versuche einmal, ihn zu kraulen. Nimm den Kiel einer ausgefallenen Feder und streiche ihm damit ein paarmal über das Köpfchen. Bleibt er bei Dir, führst Du die Feder ganz zart gegen den Strich, so daß seine Federchen sich dabei leicht aufstellen. Wenn er das mag, wird er immer öfter kommen, um gekrault zu werden.
• Und zum Schluß: Denke immer daran, daß es für einen Wellensittich nichts Schlimmeres gibt als alleine zu sein. Wenn Du außer Haus gehst, bringe den Vogel in einen Raum, in dem sich ein Familienmitglied aufhält.

Alles was glänzt, fasziniert den Wellensittich.

Ein Vogel kommt ins Haus

Noch ehe Sie den Gang zum Zoofachhändler oder Züchter antreten, um Ihren
neuen Hausgenossen auszusuchen und heim-
zuholen, sollten Sie alles Nötige für ihn vor-
bereitet haben. Für den kleinen Vogel werden
die Trennung von den Artgenossen, das Ge-
griffenwerden, der Transport in einer kleinen
Schachtel sowie die völlig ungewohnte Umgebung bei Ihnen zu Schockerlebnissen, die er nur
rasch überwinden kann, wenn danach Ruhe
für ihn einkehrt, ihn keine weiteren Schrecken
ängstigen.
Deshalb sollten Sie vor dem Vogelkauf sorgfältig den geeigneten Platz für den Käfig aus-
wählen und nötigenfalls zweckmäßig gestalten.
Am besten lassen Sie auch schon jetzt ein Fenster vergittern (→ Seite 41), damit von Anfang
an die Gefahr des Wegfliegens gebannt ist,
wenn gelüftet wird.
Auch der Käfig sollte vogelgerecht ausgestattet
sein (→ Praxis Käfig, Seite 34 und 35), um zu
vermeiden, daß nachträgliche Veränderungen
dem Neuankömmling Furcht einjagen.

Der richtige Platz für den Käfig

Für Wellensittiche kann der Käfig nur dann zum
vertrauten Zufluchtsort werden, wenn er einen
festen Platz bekommt. Im Käfig fühlen sich die
Vögel geborgen, dort können sie in Ruhe essen, trinken und schlafen.
Der beste Platz für den Käfig ist das Wohnzimmer, denn dort halten sich die Familienmitglieder am häufigsten auf. Wohlfühlen wird
sich Ihr Wellensittich, wenn Sie seinen Käfig in
eine helle Ecke nahe dem Fenster stellen. Am
besten steht er auf einem stabilen Brett, das
sicher haltend an der Wand in Augenhöhe von
Erwachsenen montiert ist. Über dem Käfig sollte ein freier Raum bleiben, denn Aktivitäten
über ihren Köpfen ängstigen Wellensittiche.
Absolut zugfrei muß der Standort für den Käfig
sein. Zugluft macht Wellensittiche nämlich
krank. Mit einer Kerzenflamme können Sie prüfen, ob es zieht. Sie flackert schon, wenn wir
einen Luftzug noch gar nicht spüren.
Mein Tip: Wenn eine Party gefeiert wird oder
Großputz angesagt ist, bringen Sie den Vogel
im Käfig für diese Zeit in einen Raum, in dem er
von Unruhe, Rauch oder stark riechenden Putz-
mitteln unbehelligt ist.

Der Freisitz aus Naturästen bietet nach den Flugrunden im Zimmer einen guten Landeplatz.

Lebt ein Pärchen Wellensittiche frei in einem vogelsicheren Zimmer, regen sich die Vögel ständig gegenseitig zum Fliegen an. Das kommt ihrer Vitalität sehr zugute.

Die Katze muß nur einmal den Schwanz des Vogels zu fassen kriegen, und schon ist's um ihn geschehen.

<u>Völlig ungeeignete Standorte sind:</u>
- Direkt am Fenster: Es strahlt im Winter zuviel Kälte ab, im Sommer könnten die Vögel in der prallen Sonne einen Hitzschlag bekommen.
- In der Küche: Dort ist vieles gefährlich, zum Beispiel schädliche Dämpfe, mögliche Rauchentwicklung, heiße Herdplatten, Töpfe und Schüsseln mit flüssigem oder heißem Inhalt, Wasch- oder Putzmittel. Außerdem entsteht durch Lüften zuviel Zugluft.
- Im Kinderzimmer: Dort ist es zu langweilig für die Vögel, weil die meisten Kinder nur einen begrenzten Zeitraum darin verbringen, um zum Beispiel ihre Hausaufgaben zu machen.

Kleiner Einkaufszettel für die Erstausstattung

- Hirsekolben – er ist Leckerbissen und hochwertige Nahrung zugleich.
- Schnabelwetzstein oder Sepiaschale mit der dazu passenden Halterung. Auf der Verpackung des Wetzsteins sollte der Hinweis stehen: »Kalkstein enthält alle Stoffe zum Aufbau des Knochengerüstes und zur Bildung der Federn.« Die Sepiaschale hingegen enthält dies alles von Natur aus.
- Ein Badehäuschen, das in die offene Käfigtür eingehängt wird. Es sollte einen geriffelten Boden haben, damit der Vogel beim Baden nicht ausrutscht.
- Tierkohle für den Fall, daß Transport und Umgebungswechsel beim Vogel Durchfall auslösen. Streuen Sie bei Bedarf etwas Tierkohle über die Körner, besser noch auf eine Apfelspalte.

- Ein bis zwei Zusatznäpfchen zum Einhängen ins Käfiggitter für Obst, Gemüse und gekeimte Körner.
- Nach Belieben einen Trinkwasserspender. In ihm verschmutzt das Wasser weniger als im Näpfchen. Für den Übergang aber beides anbieten, bis sich der Vogel an den Spender gewöhnt hat.
- Glöckchen und kleiner Spiegel zum Aufhängen im Käfig; damit tröstet sich ein einzelner Wellensittich nach der Trennung von den Artgenossen.
- Vogelsand zum Ausstreuen des Käfigbodens. Er dient nicht nur der Hygiene, sondern auch der Gesundheit.

<u>Wichtig:</u> Denken Sie beim Vogelkauf daran, eine Packung der Körnermischung, an die der ausgewählte Wellensittich gewöhnt ist, mitzunehmen.

Wo es Wellensittiche zu kaufen gibt

In guten Zoofachhandlungen oder in gut geführten Zoofachabteilungen der großen Kaufhäuser finden Sie Wellensittiche in vielen Farben. Können Sie dort trotzdem keinen Vogel entdecken, den Sie unbedingt haben möchten, erkundigen Sie sich bei einem Vogelzuchtverein (Adressen → Seite 140), ob ein Züchter in Ihrer Gegend wohnt. Eventuell erhalten Sie auch eine Adresse über das nächstgelegene Tierheim.

Bei Vogelausstellungen, auf denen die Züchter ihre Vögel zeigen, können Sie nicht nur Adressen in Erfahrung bringen, sondern sich auch erkundigen, wann ein Züchter mit dem nächsten Nachwuchs rechnet.

Mein Tip: Wenn Sie sich einen Wellensittich beim Zoofachhändler oder beim Züchter aussuchen, nehmen Sie sich Zeit dafür und sehen Sie sich im Handel sowie beim Züchter genau um. Leider gibt es in jeder Branche schwarze Schafe. Achten Sie darauf, daß die Vögel nicht eng zusammengepfercht leben müssen, daß Sauberkeit herrscht, frische Luft im Raum ist und die Vögel munter und geschäftig sind.

Vogelalter beim Kauf

Im Alter von fünf bis acht Wochen gewöhnt sich ein Wellensittich meist problemlos an eine neue Umgebung und an seinen Betreuer. Sie erkennen einen jungen Vogel an den großen schwarzen »Knopf«-Augen, um die die weiße Iris noch nicht zu sehen ist. Die Wellenzeichnung reicht über das ganze Köpfchen hinweg bis zur Wachshaut. Die Kehltupfen sind klein oder kaum ausgebildet, der Schnabel ist noch dunkler als beim erwachsenen Wellensittich. Das Geburtsjahr eines Wellensittichs steht zwar auf dem Fußring, doch wie viele Wochen er in diesem Jahr bereits lebte, geht nicht daraus hervor. Der Kauf bleibt also immer Vertrauenssache, denn das typische Aussehen eines jungen Wellensittichs bleibt bis zur Jugendmauser im Alter von ungefähr drei Monaten erhalten.

<u>Hinweis:</u> Nestjunge Wellensittiche im Alter von vier Wochen gewöhnen sich besonders schnell ein. Oft sind sie aber nur beim Züchter zu erhalten. Sie können Zoofachhändler um Vermittlung bitten. Es muß allerdings gewährleistet sein, daß der Vogel bereits selbständig ißt.

So sieht ein gesunder Wellensittich aus

- Alle Federn liegen glatt am Körper an und glänzen matt.
- Die Federn um die Kloake – so nennt man den After eines Vogels – sind nicht verklebt oder von Kot verschmutzt.
- Augen und Nasenlöcher sondern keine Flüssigkeit ab und sind nicht verkrustet.
- Die Hornschuppen an den Füßen und Zehen liegen glatt an.
- Zwei Zehen eines Fußes zeigen nach vorn, zwei nach hinten. Fehlt eine Zehe, so ist das zwar ein Schönheitsfehler, läßt aber auf keine Krankheit schließen.
- Der Vogel bewegt sich lebhaft, putzt sich immer wieder und hat Kontakt zu seinen Artgenossen.

<u>Ein kranker Wellensittich</u> sitzt teilnahmslos abseits. Das Gefieder ist leicht aufgeplustert, die Augen sind halbgeschlossen. Den Schnabel hat er im Rückengefieder vergraben. Schauen Sie sich einen solchen Vogel nach einer Weile noch einmal an, denn möglicherweise hat er nur geschlafen.

Je höher der Vogelbaum, desto beliebter bei den Vögeln. Spielzeug macht aber auch tiefere Etagen attraktiv.

Männchen oder Weibchen?

Die Frage spielt bei der Anschaffung eines Wellensittichs zunächst keine Rolle, denn Männchen wie Weibchen können zutrauliche Vögel werden. Temperament und Lernfähigkeit hängen nicht vom Geschlecht des Vogels ab. Er-

kennen können Sie das Geschlecht eines erwachsenen Wellensittichs an der Farbe der Nasen- oder Wachshaut, in der über dem Oberschnabel die beiden Nasenlöcher sitzen. Sie ist beim Männchen kräftig blau, beim Weibchen beige, bräunlich oder braun gefärbt. Das Blau der Wachshaut wird intensiver, wenn das erwachsene Männchen in Balzstimmung gerät. Bei schwachen oder kranken Vögeln kann die Wachshaut blaßblau werden. Nur im Alter bekommen auch Männchen manchmal eine bräunliche Wachshaut. Die Nasenhaut des Weibchens ändert sich, wenn es in Brutstimmung kommt. Sie wird dann bräunlich bis dunkelbraun und bei einigen sogar etwas schrumpelig. Bei jungen Vögeln beiderlei Geschlechts ist die Wachshaut noch hellrosa oder hellbeige. Beim Kauf eines nestjungen Wellensittichs können Sie also nicht gänzlich sicher sein, ob Sie ein Männchen oder ein Weibchen mit nach Hause bringen.

Einzelvogel oder Pärchen?

Ich befürworte die Haltung eines Pärchens. Allerdings würde ich erst einen Wellensittich kaufen, ihn eingewöhnen, zähmen und ihm Freiheit in einem vogelsicheren Zimmer (→ Seite 41) gewähren, ehe ich ihm einen Artgenossen zugeselle. Wenn Sie sofort zwei Wellensittiche erwerben, werden die Vögel nicht zahm. Sie sind so intensiv miteinander beschäftigt, daß sie den Menschen nicht als Partner annehmen. Wie Sie vorgehen, um den zweiten Vogel einzugewöhnen, können Sie auf der Seite 47 nachlesen. Ein Pärchen zu halten, ist artgerechter. Außerdem ist Ihr Gewissen weniger belastet, wenn Sie einmal keine Zeit für die Vögel haben (→ Seite 21 und 22). Die Vögel sind zu zweit nicht einsam, auch wenn Sie nicht da sind. Sie freuen sich aber bei Ihrer Rückkehr, denn dann ist die Schar, zu der auch Sie gehören, wieder komplett.

Haustiere unter sich

Wellensittich und Hund vertragen sich in der Regel ganz gut, wenn der Hund »aufs Wort hört« und wegen des neuen Familienmitgliedes nicht vernachlässigt und dadurch eifersüchtig wird. Katze und Wellensittich kommen dagegen kaum miteinander aus. Hamster, Meerschweinchen und Zwergkaninchen sind – im selben Raum gehalten – ebenfalls keine gute Gesellschaft für den Vogel, da sie ihm Schaden zufügen, ihn beißen oder mit Parasiten anstecken könnten.

Wahl der Gefiederfarben

Insgesamt gibt es in der Wellensittichzucht rund 80 Farbschläge. Viele davon bleiben aber ihrer Seltenheit wegen nur in Züchterkreisen. Im Zoofachhandel werden die an Intensität leicht variierenden grünen, blauen, weißen, gelben und gescheckten Wellensittiche angeboten. Außerdem noch Opaline, die auf dem Rükken in einem V-förmigen Bereich keine Wellenzeichnung haben. Sie können sich bei der Auswahl der Gefiederfarbe ganz nach Ihrem Wohlgefallen richten. Empfehlen möchte ich den grünen oder blauen Wellensittich, da dieser weitaus robuster ist als selten vorkommende Farbschläge.

Auf den Fußring achten

Jeder Wellensittich muß den gesetzlich vorgeschriebenen Fußring tragen. Entweder bekam er den geschlossenen Metallring bereits vom Züchter im Alter von wenigen Tagen oder er bekam später einen offenen Metallring an den Fuß. Der Fußring garantiert, daß der Vogel aus einer genehmigten und amtsärztlich kontrollierten Zucht stammt. Es ist verboten, den Ring zu entfernen. Sie sollten den »Ringfuß« aber häufig prüfen. Bleibt der Vogel irgendwo mit dem Ring hängen, so wird er daran zerren und sich womöglich verletzen. Schwillt der Fuß dadurch an, kann der Ring die Durchblutung behindern und muß vom Tierarzt entfernt werden. Die Notwendigkeit der Ringabnahme sollte der Tierarzt Ihnen schriftlich bestätigen. Bestätigung und Ring müssen Sie aufbewahren, denn beides gilt als wichtiges Dokument. Über den Ring läßt sich die Herkunft des Vogels nachweisen.

P·R·A·X·I·S Käfig

Wenn Sie zunächst nur einen Vogel anschaffen, sollten Sie doch schon an den zweiten denken. Ihr kleiner geselliger Australier fühlt sich mit einem Artgenossen nun mal wohler, als wenn er nur auf die Zuwendung eines Menschen angewiesen ist

Der richtige Wellensittichkäfig
Am besten kaufen Sie gleich einen Käfig, in dem zwei Wellensittiche Platz haben.
Die Mindestmaße: 50 cm lang, 30 cm breit, 45 cm hoch. Solch ein Käfig kann aber nur als Eß-platz und Schlafstätte dienen.

Die Käfigausstattung: Im Preis in-begriffen sind in der Regel die Bodenschale mit dem Sandschu-ber aus Kunststoff, zwei Futter-näpfchen für Körner und Wasser, die Sitzstangen und manchmal noch eine Schaukel.
Zusätzlich müssen Sie noch ein Badehäuschen, Halterungen für Hirse und Kräuter, Schnabelwetz-stein oder Sepiaschale, Zusatz-näpfchen und Vogelsand kaufen.

Der Spielplatz auf dem Käfig
Foto 1
Die Spielplattform gibt es im Zoo-fachhandel zu kaufen. Mit weni-

Die Sitzstangen
Foto 2
Die Plastik- oder gedrechselten Sitzstangen am besten durch Naturäste (1,2 bis 2 cm dick) er-setzen. Die Äste sind geeignet für die »Schnabelarbeit«.
Wichtig: Naturäste sollten so dick sein, daß sich die Zehen beim Umgreifen nur selten be-rühren.
Anbringen: Nicht mehr Äste an-bringen, als zuvor Sitzstangen im Käfig waren. Nicht nur waage-recht verlaufende, auch schräg stehende Äste sind willkommen. Alle Äste auf die benötigte Länge

1 | Den Wellensittichspielplatz, der mit wenigen Handgriffen aufs Käfigdach montiert werden kann, gibt es im Zoofachhandel zu kaufen.

2 | Naturäste sind gesunde Sitzstangen für Wellensittiche.

Die Idealmaße: 100 cm lang, 50 cm breit, 80 cm hoch.
Die Gitterstäbe: Die Stäbe der Längsseiten müssen waagerecht verlaufen, damit die Vögel klet-tern können. Der Abstand zwi-schen den Stäben sollte nicht mehr als 12 mm betragen. Am besten zu reinigen sind mit Epoxydharz beschichtete Gitter.

gen Handgriffen läßt sie sich auf das Käfigdach montieren. Sie kann ein bis zwei Wellensittichen als Freisitz und Spielplatz dienen. Beschäftigung bieten ein Kräu-terbündel oder frische Zweige, am besten Haselnuß oder Weide.

zuschneiden, an beiden Enden einkerben und in die Gitterstäbe klemmen.

Ungiftige Zweige und Äste
Geeignet sind: Zweige von Eiche, Erle, Holunder, Kastanie, Linde, Pappel und Weide.
Wichtig: Zweige oder Äste nicht von Bäumen und Sträuchern

nehmen, die an vielbefahrenen Straßen stehen.

Reinigen: Alle Zweige stets mit heißem Wasser abbürsten und trocknen lassen, ehe der Vogel damit in Berührung kommt, denn auch in Gärten und Wälder gelangen Schadstoffe.

Hinweis: Viele Zoofachhandlungen bieten geeignete Naturäste an, oft schon auf Käfigmaße zugeschnitten.

Zusatznäpfe
Foto 3

Für zwei Wellensittiche sind zwei Näpfchen für Körner und Wasser zu wenig, denn wenn der eine zu essen oder trinken beginnt, will der zweite das sofort auch. Außerdem brauchen Sie geeignete Näpfe für die Frischkost, eventuell auch für Aufzucht- oder Zusatznahrung. Kaufen Sie Näpfe, die man am Gitter neben den Sitzästen einhängen kann. Auch kleine Körbchen aus naturbelassenem Material können am Gitter befestigt werden. Allerdings fallen diese mit der Zeit der Schnabelarbeit zum Opfer.

Wichtig: Alle Näpfe so anbringen, daß kein Kot hineinfallen kann.

Futter- und Wasserautomaten: Die im Zoofachhandel erhältlichen Wasserspender sind empfehlenswert, weil kein Schmutz ins Wasser gelangen kann. Futterautomaten dagegen muß man sehr häufig kontrollieren und die Spelzen der Körner, die sich in der Futterrinne sammeln, entfernen, damit der Vogel an die frischen Körner herankommt.

3 | Körbchen als Zusatznapf für Frischkost.

Praktische Halterungen
Foto 4

Für ganze Hirsekolben, Kräuterbündel oder ähnliches bietet der Zoofachhandel sehr praktische Metallklammern an. Sie verhindern, daß diese Zusatznahrung auf den Käfigboden fällt. Spezielle Halterungen gibt es auch für Stücke der Kolbenhirse.

Wichtig: Vermeiden Sie, daß die Vögel zuviel davon essen und die Grundnahrung nur mäßig annehmen.

Miniaturwiese im Näpfchen
Foto 5

Sie wird ebenfalls im Zoofachhandel angeboten und enthält Samen mit für die Vögel bekömmlichem Gras, das im mitgelieferten Näpfchen sprießt. Dazu gibt es Nachfüllpackungen.

Der Vogelsand

Mit ihm wird der Käfigboden etwa 1 cm hoch bestreut. Er bindet Flüssigkeit und sorgt für Hygiene im Käfig. Gleichzeitig ist er auch eine unverzichtbare Verdauungshilfe, weil die Vögel immer wieder etwas Sand und Grit essen, was zum Zerkleinern der Samen im Magen beiträgt.

4 | Spezialhalterungen für Sepiaschale und Kolbenhirse.

Wichtig: Kaufen Sie keinesfalls den sogenannten Vogelsandteppich. Das ist Vogelsand, fest auf Karton aufgebracht, erhältlich als Auslegeware und als Röllchen für die Sitzstangen. Die Vögel

5 | Empfehlenswert: Die Miniaturwiese im Näpfchen bietet immer frisches Grün.

nehmen mit dem Sand auch Teile des Teppichs auf und können daran möglicherweise erkranken oder gar sterben.

Mein Tip: Den Vögeln, die keinen Sand vom Käfigboden aufnehmen, Sand in Extranäpfchen anbieten oder über die Frischkost streuen.

Die ideale Ergänzung zum Käfig ist ein Freisitz. Für die Wellensittiche wird der Vogelbaum oder Hängefreisitz zum Lieblingsplatz, von dem aus sie zu ihren Flugrunden starten, auf dem sie umherturnen und Ruhepausen halten.

Äste und Zweige für den Freisitz

Suchen Sie Zweige und Äste, die Sie für den Bau verwenden, sorgfältig aus.

Geeignet sind: Eiche, Erle, Holunder, Kastanie, Linde, Pappel, Weide, Haselnuß oder unbehandelte Obstbäume.

Unbedingt beachten: Verwenden Sie niemals Äste oder Zweige
• aus Baumschulen, da die Gehölze in der Regel mit Spritzmitteln gegen Schädlinge behandelt werden;
• aus der Nähe von Autostraßen, da sie zu sehr mit Schadstoffen belastet sind;
• aus professionellen Obstkulturen, da die Bäume gespritzt sind.

Wichtig: Äste und Zweige mit heißem Wasser abbürsten und trocknen lassen, ehe der Vogel damit in Berührung kommt.

Den Vogelbaum basteln

Foto 1 bis 5
Sie benötigen:
• Einen runden oder eckigen Bottich mit einem Durchmesser von mindestens 50 cm,
• einen gußeisernen Christbaumständer,
• einen stabilen, einigermaßen gerade gewachsenen Ast (Höhe 2 m und mehr), der möglichst einige Verzweigungen hat,
• mehrere unterschiedlich dicke Zweige (1,2 bis 2 cm),
• 10 bis 15 faust- bis katzenkopfgroße Kieselsteine,
• frische Garten- oder Blumenerde,
• 3 bis 5 kg Vogelsand,
• 1 bis 2 Rollen Blumendraht,
• naturfarbenen Bast.

Den Vogelbaumstamm befestigen: Den Stamm in den Christbaumständer stecken und gut festschrauben. Den Ständer in die Mitte des Bottichs stellen (→ Foto 1).

Den Bottich füllen: Kieselsteine so in den Bottich legen, daß der Ständer bedeckt ist und der Stamm nicht kippt (→ Foto 2). Zwischen und auf die Steine Erde füllen. Auf die festgedrückte Erde etwa 4 cm hoch Vogelsand streuen (→ Foto 3).

Den Stamm verzweigen: Die 1,2 bis 2 cm dicken Naturäste probeweise an den Stamm legen und so einkürzen, daß keiner über den Rand des Bottichs ragt. Dann landet alles, was herunterfällt im Bottich und nicht daneben.

Äste befestigen: Hat der Stamm Seitenäste, lassen sich daran weitere Äste befestigen. Den Ast in die vorhandene Astgabel legen. Draht fest um Stamm, Astgabel und angelegten Ast wickeln. Damit sich die Vögel nicht verletzen, den Draht dick mit naturfarbenem Bast umwickeln (→ Foto 4 und 5).

1 | Den Ständer mit dem Baumstamm in den Bottich stellen.

2 | Den Bottich mit faustgroßen Kieselsteinen füllen.

3 | Erde einfüllen und etwa 4 cm hoch Vogelsand darauf schütten.

4 | Seitenast mit Hilfe von Draht am Vogelbaumstamm befestigen.

5 | Den Draht dick mit naturfarbenem Bast umwickeln.

Auf diese Weise mehrere »Stockwerke« bauen.

<u>Hinweis:</u> Der Bast muß von Zeit zu Zeit erneuert werden, da die Vögel gerne daran knabbern.

Mein Tip: Bietet sich kein gewachsener Seitenast an, kreuzt man zwei etwa gleich starke Naturäste waagerecht am Stamm und befestigt sie mit Draht, der dann mit Bast umwickelt wird.

Der Platz für den Vogelbaum

Stellen Sie ihn möglichst weit vom Käfig entfernt auf, dann müssen Ihre Wellensittiche immer hin- und herfliegen, wenn sie essen oder trinken wollen. Das hält sie fit. Ideal ist ein Platz in Fensternähe. Wenn das Fenster vergittert ist, kommen die Vögel an warmen Tagen in den Genuß von reichlich frischer Luft.

Der Hänge-Freisitz

Foto 6

Er beansprucht keine Stellfläche und kommt dem Bedürfnis der Vögel entgegen, möglichst hoch zu sitzen. Sie benötigen:

• Eine etwa 1,5 cm dicke Naturholzplatte (60 cm lang, 40 cm breit),

• 4 Holzleisten (5 cm breit, 0,5 cm dick),

• 8 dünne Holzschrauben,

• 10 bis 12 Schraubösen,

• 10 bis 12 kleine Schlüsselringe,

• zwei unterschiedlich dicke Naturäste,

• eine etwa 1,5 m lange Leichtmetallkette.

<u>Schmutzauffangschale:</u> Die Holzleisten zu einem Rahmen zusammenschrauben. Den Rahmen auf die Platte setzen, anleimen oder von unten festschrauben.

<u>Zweige anbringen:</u> Die beiden Zweige so einkürzen, daß sie nicht über die Schale hinausragen. Die Kette in passende Stücke schneiden. An den Kettenenden jeweils einen Schlüsselring anbringen. Auf jeden Ring eine Schrauböse ziehen. Die Ösen so in den Schalenrand und in die Zweige schrauben, daß die Auffangschale waagerecht an den Zweigen hängt.

<u>Freisitz aufhängen:</u> Der Freisitz sollte soweit von der Decke herabhängen, daß Sie ihn zum Saubermachen bequem erreichen können. In der Mitte des oberen Astes ein entsprechend langes Kettenstück so anbringen, daß die Schale waagerecht hängt. Den Freisitz mittels Dübel, großer Schrauböse und Karabinerhaken an der Decke befestigen.

6 | Der Hänge-Freisitz mit Schmutzauffangschale aus Naturholz und Naturästen als Sitzstangen wird mittels Dübel, Ringschraube und Karabinerhaken an der Decke befestigt.

Behutsames Eingewöhnen

Am besten gewöhnen Sie Ihren Wellensittich an das Leben mit Ihnen, indem Sie seinen Sinn für Gewohnheit ausnützen. Wellensittiche lieben einen regelmäßigen Tagesablauf, alles muß stets so sein wie gewohnt. Vor allem Neuen scheuen sie. Man muß sie langsam daran gewöhnen. Bedenken Sie dies besonders in der ersten Zeit des Zusammenlebens. Vermeiden Sie alles, was Ihren Wellensittich in Angst und Schrecken versetzen könnte. Es liegt jetzt an Ihnen, ob der Vogel in seiner neuen Umgebung gute oder schlechte Erfahrungen macht. Nimmt er die ersten Körner auf, trinkt ein wenig und putzt sein Gefieder, so ist bereits ein entscheidender Schritt bei seiner Eingewöhnung getan.

Die ersten Stunden daheim

Im kleinen Transportkarton haben Sie Ihren Wellensittich auf kürzestem Weg, vor Hitze und Kälte geschützt, nach Hause gebracht. Er soll sich nun möglichst schnell an das neue Zuhause gewöhnen und seine Trauer über die Trennung von den Artgenossen überwinden. Halten Sie den geöffneten Karton so vor die offene Käfigtür, daß dem Vogel nur der Weg in den Käfig freisteht. Sicher wird er gern aus dem Dunkel ins Helle schlüpfen. Er wird sich in seinem neuen Heim vielleicht zunächst in eine Ecke drücken, wie er es schon als Nestling tat, wenn ihn etwas ängstigte.

Ist Ihr Wellensittich im Käfig, schließen Sie das Türchen und lassen ihn am besten allein. So traut er sich am ehesten, sich umzusehen, zu trinken, zu essen. Aber beunruhigen Sie sich nicht, wenn er kaum Nahrung aufnimmt, das wird er später nachholen. Wichtig ist jetzt nur, den Vogel möglichst durch nichts zu erschrecken.

Manche Wellensittiche gewöhnen sich sehr rasch an ihr neues Zuhause, so wie der Vogel einer Wellensittichbesitzerin, die mir schrieb: »Unser grüner Wellensittich Pepi war gerade sechs Wochen alt, als wir ihn bekamen. Alles war für ihn bereit. Aus der Transportschachtel flüchtete er in den Käfig und erkletterte sofort die Schaukel. Sie blieb über viele Jahre sein Lieblingsplatz. Zwei Tage lang regte er sich kaum und aß fast nichts. Dann entwickelte er einen gesunden Appetit, erprobte alle Sitzstangen in seinem Käfig und schubste unentwegt sein Glöckchen an. Der Bann war gebrochen.«

Gibt es außer Grünpflanzen auch Obst im Vogelbaum, wissen die Vögel kaum, wovon sie zuerst naschen sollen.

Finden die Wellensittiche im Vogelbaum auch noch ihre Grundnahrung, bleibt der Käfig meistens leer.

Selbst wenn Ihre Vögel immer volle Freiheit genießen, sollten Sie sie doch einmal am Tag mit einem Leckerbissen in den Käfig locken, damit sie sich nicht völlig entwöhnen. Denn es gibt Situationen, in denen die Vögel im Käfig am sichersten sind.

Es gibt aber auch Wellensittiche, die viel länger brauchen, bis sie sich in ihrer neuen Behausung zurechtfinden. Lassen Sie Ihrem Vogel die Zeit. Nennen Sie vom ersten Tag an seinen Namen und sprechen Sie beruhigend mit ihm, wenn Sie sich nähern. So wird er sich an Ihre Stimme gewöhnen, seinen Namen kennenlernen und keine Angst haben. Denn fast alle Wellensittiche haben Angst vor Lebewesen, die sich ihnen stumm nähern. In den ersten beiden Tagen reden Sie aus einiger Entfernung mit Ihrem neuen Hausgenossen, am besten während Sie sitzen und er Sie dabei ansehen kann.

Keine Angst in der Nacht

Lassen Sie in den ersten Nächten im Vogelzimmer ein schwaches Licht brennen. So kann sich der Vogel orientieren, wenn er durch ein ungewohntes Geräusch erschreckt wird. Im Dunkeln kann er in Panik geraten und wild im Käfig umherflattern, wobei er sich vielleicht verletzt. Aus diesem Grund sollten Sie auch das Zudecken des Käfigs mit einem Tuch während der Nacht vermeiden. Nur wenn der Vogel durch eine hell leuchtende Straßenlaterne gestört wird, oder wenn jemand bis spät in die Nacht im Vogelzimmer arbeiten muß, ist das Zudecken sinnvoll.

Hat sich der Vogel an seine neue Umgebung und die dort ertönenden Geräusche gewöhnt, können Sie das Licht am Abend ausschalten. Bei sehr schreckhaften Vögeln empfehle ich, auch nach der Eingewöhnung eine sogenannte Babyleuchte anzubringen. Sie gibt ein ganz schwaches Licht und wird einfach an die Steckdose angeschlossen.

Der erste Morgen-Service

Wenn Sie am ersten Morgen ins Zimmer kommen, um die Näpfchen aus dem Käfig zu nehmen, so denken Sie daran, mit dem Vogel zu reden. Begleiten Sie alle Handgriffe mit besänftigenden Worten, denn der kleine Kerl hat bestimmt Angst, wenn ihm Ihre große Hand zum ersten Mal so nahe kommt. Bleiben Sie ganz ruhig, lassen Sie sich nicht von der Nervosität des Vogels anstecken. Am ersten Morgen braucht man wirklich nur die Näpfchen neu zu füllen und das Wasser zu wechseln. Im Sand auf dem Käfigboden sind nur wenige Kotbällchen, weshalb Sie den Sandschuber erst

Es wird doch gelingen, den Ast einzukerben?

am anderen Tag herausziehen müssen, um mit einem Löffel Samenspelzen und Kot zu entfernen.

Das vogelsichere Zimmer

Das Wegfliegen ist die Gefahr Nummer eins für Wellensittiche. Die gewandten und ausdauernden Flieger werden von Frischluft magisch angezogen, sie spüren instinktiv, daß dort draußen unbegrenzter Flugraum ist. Sie kennen die tausend Gefahren nicht, die im nur bedingt für sie geeigneten Lebensraum lauern, und sie wissen nicht, daß sie den Weg zurück nicht mehr finden werden, weil ihnen als Heimvögel weitgehend die Fähigkeit fehlt, sich an Landmarken zu orientieren. Das Vergittern mindestens eines Fensterflügels ist deshalb für die Sicherheit der Vögel unerläßlich. Spannen Sie ein Drahtgitter von 1 bis 2 cm Maschenweite auf einen leichten Holzrahmen und befestigen diesen mit Schrauben im Fensterrahmen. So kann jederzeit gelüftet werden, ohne daß der Vogel gleich wegfliegt.

Doch gibt es in einer Wohnung, in der Menschen leben, noch weitere Gefahren für Wellensittiche. Sie alle müssen bedacht und möglichst vollständig beseitigt werden. Zusätzlich sollten Sie sich im Lexikon orientieren, welche Zimmerpflanzen giftig oder schädlich für Wellensittiche sind (→ Giftige Pflanzen, Seite 128), denn es ist kaum zu vermeiden, daß die knabberfreudigen Vögel sich an ihnen gütlich tun.

Deshalb im Vogelzimmer nur preiswerte und schnell wachsende Pflanzen halten und diese eventuell zu deren Erholung von Zeit zu Zeit gegen andere austauschen.

Gefahr in Verzug

Die Wohnung bietet, wie gesagt, etliche Gefahrenquellen für den Wellensittich.

<u>Badezimmer:</u> Bei gekipptem Fenster kann der Vogel wegfliegen, des weiteren im offenen WC ertrinken. Halten Sie die Badezimmertür stets geschlossen. Der Vogel darf nur mit Ihnen ins Bad.

<u>Bücherregal:</u> Schlüpft der Vogel hinter die Bücher, kommt er alleine nicht mehr heraus. Deshalb die Bücher direkt an die Wand rücken oder in Abständen zwei Bücher querlegen.

<u>Gefäße mit Wasser:</u> Der Vogel rutscht in einen Eimer – Seifenschaum sieht er nämlich als Landefläche an –, in ein großes Glas oder eine Vase und ertrinkt. Decken Sie alle Gefäße zu und lassen Sie den Wellensittich beim Hausputz nicht frei fliegen.

<u>Schränke, Schubladen:</u> Unbemerkt kann der Vogel eingeschlossen werden und ersticken oder verhungern. Schränke und Schubladen nie geöffnet lassen, auch keinen Spaltbreit.

<u>Offene Türen:</u> Der Vogel kann beim Schließen eingequetscht werden. Äußerste Vorsicht angewöhnen.

<u>Gifte:</u> Durch Alkohol, Bleistiftspitzen, Filz- und Kugelschreiberminen, starke Gewürze, Klebemittel, Pflanzendünger, Putzmittel beispielsweise sind für den Vogel mitunter tödliche Vergiftungen möglich. Sie sollten derartige Stoffe oder Gegenstände für den Vogel unerreichbar aufbewahren und Spuren restlos entfernen.

<u>Herd:</u> Beim Landen auf einer heißen Herdplatte kann sich der Vogel tödliche Verbrennungen zuziehen. Stellen Sie auf die unbenützte heiße

Bellos Essen schmeckt auch nicht schlecht, aber Kolbenhirse mag der Vogel doch entschieden lieber.

Herdplatte einen Kessel mit kaltem Wasser und lassen Sie den Vogel nie unbeaufsichtigt in der Küche fliegen.

Kerzenlicht: Tödliche Verbrennungen können beim Durchfliegen der Flamme entstehen. Verzichten Sie beim frei fliegenden Vogel auf Kerzenlicht.

Papierkorb, Ziergefäß: Der Vogel rutscht hinein, kommt aus eigener Kraft nicht mehr heraus und kann verhungern oder aus Angst einen Herzschlag bekommen. Verwenden Sie Korbware oder kleiden Sie die Innenwände mit Drahtgeflecht aus. Ziergefäße können Sie mit Sand füllen.

Pralle Sonne, überhitztes Auto: Der Vogel kann einen Herzschlag durch Hitzestau bekommen. Suchen Sie einen Schattenplatz und lüften Sie das Auto.

Temperaturschwankungen: Jähe Schwankungen können zu Erkältung oder Hitzschlag führen. Gewöhnen Sie den Vogel allmählich an Temperaturen zwischen 5 und 25 °C.

Fliegenfänger: Der Wellensittich bleibt daran hängen und kann vor Schreck einen Herzschlag bekommen. Verzichten Sie auf das Aufhängen von Fliegenfängern im Zimmer.

Insektenspray: In der Umgebung des Vogels nicht sprühen, da er sich vergiften oder ersticken kann.

Spitze Gegenstände: Drahtenden, Nägel, Splitter, Nadeln und dergleichen werden für den Wellensittich insofern zur Gefahr, als er sich daran Verletzungen und Stichwunden zufügen kann. Lassen Sie deshalb keine spitzen Gegenstände offen liegen, sondern bewahren Sie sie für den Vogel unerreichbar auf.

Der erste Ausflug

Wie lange ein neu angekommener Wellensittich ausschließlich im Käfig leben soll, hängt in erster Linie vom Temperament des Vogels ab. Ist er sehr ängstlich und scheu, wird man zwei bis drei Wochen warten, ehe er den ersten Ausflug ins Zimmer machen darf. Einen munteren, neugierigen Vogel dagegen kann man schon am dritten oder vierten Tag aus dem Käfig lassen – zunächst natürlich unter Aufsicht, damit Sie notfalls helfend eingreifen können.

Bleibt das Käfigtürchen zum ersten Mal offen, wird Ihr Wellensittich entweder sofort sein Häuschen verlassen und fliegen oder zunächst unentschlossen im Türrahmen sitzen bleiben. Aber einmal fliegt auch er los, die Sehnsucht ist stärker als jede Angst. Schlimm wird allerdings oft das Landen, denn die vielen unbekannten Dinge im Raum sind beängstigend. Gelingt es dem Vogel nicht, wieder auf dem Käfig zu landen, wird er sich bestimmt einen hoch gelegenen Landeplatz suchen, denn je höher er sitzen kann, desto sicherer fühlt er sich. Von da aus getrauen sich beim ersten Ausflug viele Wellensittiche nicht mehr herunter. Sie scheuen sich, den sicheren Platz zu verlassen. Halten Sie ihm dann den Käfig so nah wie möglich entgegen, das kann ihm Mut zur Rückkehr machen. Erreicht man den Vogel jedoch nicht, weil er zu hoch sitzt, läßt man ihn ruhig da, wo er ist, notfalls sogar über Nacht. Am nächsten Morgen werden Hunger und Durst ihn zur Rückkehr in den Käfig veranlassen. Sitzt der Vogel am Boden, so streuen Sie ihm ein paar Futterkörnchen hin,

»Bubi könnt' er heißen«

Dem Einfallsreichtum sind keine Grenzen gesetzt, wenn es darum geht, einen Namen für den Wellensittich zu finden. »Bubi«, »Maxi« und »Hansi« gehören zu den beliebtesten, doch warum ein Pärchen nicht »Bim« und »Bam« nennen? Oder den gelben Wellensittich »Blondy«? Den übermütigen charakterisiert »Bazi« gut. Sollte einmal einer durchs geöffnete Fenster geflogen kommen, paßt »Advi«, lateinisch advolatus, der Hinzugeflogene.

Sitzt schon ein Vogel auf dem Ast, ...

... ist das Landen für den anderen Präzisionsarbeit.

denn Wellensittiche suchen gerne am Boden Nahrung. Wenn Sie nach einer Weile den Käfig neben ihn stellen, wird er sicherlich gerne hineinklettern.

Ganz wichtig: In dieser Situation dürfen Sie auf keinen Fall versuchen, den Vogel zu jagen, ihn zu greifen, womöglich aus dem Flug zu fangen. Das macht ihm Todesangst und könnte bereits gewonnenes Vertrauen zerstören. Selbst einen zahmen Wellensittich darf man nur in Notfällen greifen, um ihm zu helfen.

Die Sache mit den Fensterscheiben

Bevor das Käfigtürchen geöffnet wird, sollten Sie alle Türen und Fenster schließen und Stores vor die Fenster ziehen, denn der Vogel erkennt Fensterscheiben nicht als Raumbegrenzung. Er könnte mit voller Kraft dagegen fliegen und sich das Genick brechen oder eine Gehirnerschütterung davontragen.

Sind an Ihren Fenstern keine Stores oder Gardinen, lassen Sie die Rollos oder Jalousetten bis auf 20 cm herunter und schalten alle Lampen an. Die unbedeckten Teile der Fensterscheiben erweitern Sie dann täglich um einige Zentimeter, bis der Vogel sie als Begrenzung begriffen hat. Das dauert meist nur einige Tage und funktioniert danach wahrscheinlich auch in anderen Räumen.

An die Hand gewöhnen

In den ersten Tagen gilt es noch sehr vorsichtig mit Ihrem Wellensittich umzugehen und ihm Zeit zu lassen, von seinem Käfig aus in Ruhe die neue Umgebung zu betrachten. Schon bald wird er morgens seine Freude über Ihr Erscheinen zeigen und Ihnen auf Ihr Zurufen mit fröhlichem Gezwitscher antworten. Jetzt sollte es Ihr Ziel sein, ihn handzahm zu machen.

Erster Schritt: Sobald der Vogel nicht mehr so ängstlich ist, daß er wild flattert oder sich in eine Ecke drückt, wenn Sie in den Käfig greifen, können Sie versuchen, ihm sanft mit einem Finger den Bauch oder den Schnabel zu streicheln, immer beruhigend dabei sprechend. Er wird dadurch lernen, daß von Ihrer Hand keine Gefahr droht.

Zweiter Schritt: Nach einigen Tagen geben Sie keine Kolbenhirse mehr in den Käfig. Die reichen Sie ihm nun täglich zur gleichen Zeit auf Ihrer Hand. Zunächst bieten Sie den Leckerbissen so an, daß der Vogel ihn erreichen kann, ohne mit Ihnen in Berührung zu kommen. Selbst wenn er nur zaghaft und erfolglos versucht, an die Hirse zu kommen, wiederholen Sie das Angebot.

Dritter Schritt: Eines Tages wird er mit langem Hals einige Körnchen von der Hirse nehmen und dann jeden Tag etwas näherrücken, um mehr davon essen zu können. Jetzt müssen Sie die Hirse so auf der Handfläche legen, daß der Vogel gezwungen ist, einmal einen Fuß auf Ihre Hand zu setzen. Hatten Sie damit Erfolg, wird

Einer von den beiden scheint immer in der Luft zu sein. Der eine gibt sich dabei eleganter als der andere.

Eifrig putzt und pflegt der Wellensittich jedes Federchen. Denn in freier Natur ist ein intaktes Gefieder für Wellensittiche absolut notwendig, um zu überleben. Nähern sich beispielsweise Feinde, muß der Vogel in der Lage sein, sich schnell durch die Lüfte in Sicherheit zu bringen.

An Ästen nagen ist fein, aber noch mehr Spaß macht es, den Bast nach allen Regeln der Kunst zu zerrupfen.

es nicht mehr lange dauern, und Ihr Wellensittich kommt ohne weiteres auf Ihre Hand.

<u>Hilfe beim Eingewöhnen:</u> Beobachten Sie Ihren Vogel, manchmal bringt er Sie selbst auf eine Idee, wie er sich besser oder leichter an Sie gewöhnen kann. Ich habe meinen Manky so eingewöhnt, wie ich es beschrieben habe, doch mit mäßigem Ergebnis. Den durchschlagenden Erfolg brachte uns sein Glöckchen. Das war lange Zeit seine einzige Lebensmitte, denn Manky war, bevor er zu mir kam, einer der vielen Einzelvögel ohne jegliche Zuwendung. Während der ersten Wochen bei mir war er so furchterfüllt, daß ich in seiner Nähe kaum zu atmen wagte. Sein Käfig stand auf meinem Schreibtisch, er sah mich also von morgens bis abends und gewöhnte sich schließlich an meine Gegenwart. Manchmal überkam den stillen, scheuen Vogel ein Temperamentsausbruch, und er riß mit Kraft am Kettchen, an dem das

Als Wellensittichhalter sollten Sie stets lange Fäden, die Ihre Vögel vom Bast ziehen, sofort abschneiden. An diesen dünnen Strängen können sie sich nämlich leicht erdrosseln. Auch Spielzeug sollte aus diesem Grund nicht an langen Baststücken befestigt werden.

Glöckchen hing. Einmal passierte das, als ich gerade dabei war, ihm frische Nahrung zu bringen, und das Glöckchen fiel auf den Käfigboden. Manky war sichtlich bestürzt. Ich hob das Glöckchen auf, um es wieder zu befestigen. Aber Manky konnte es nicht erwarten, wieder Kontakt mit dem Lieblingsding zu haben und sprang auf meine Hand. Ich zog das Glöckchen langsam über meine Hand, den Arm hinauf und ließ es von meiner Schulter hängen. Manky folgte und saß zum ersten Mal auf meiner Schulter. Von da an hatte ich am Kragen meines Kleides auch ein Glöckchen hängen. Manky konnte nun zwischen zweien wählen und fand das von meiner Schulter aus zu erreichende bald als das schönere.

Erste Vertrauensbeweise

Beobachten Sie genau, wie Ihr Wellensittich reagiert, wenn Sie ins Vogelzimmer treten und ihn beim Namen rufen. Er wird bald seine Freude über Ihr Kommen durch kurzes Anheben beider Flügel zeigen oder Ihnen mit einem kurzen Ruf antworten. Manchmal schüttelt er auch kräftig sein Gefieder aus Erleichterung, daß Sie wieder da sind oder er schubst sein Glöckchen an. Weiter festigen wird sich das Vertrauen Ihres Wellensittichs zu Ihnen, wenn er regelmäßig fliegen darf und die Erfahrung gemacht hat, daß Sie immer bereit sind, ihm zu helfen.

Der Vogel bekommt einen Partner

Vielleicht wollten Sie von Anfang an ein Pärchen und haben nur darauf gewartet, daß Ihr erster Wellensittich zahm ist, ehe Sie ihm einen Partner zugesellen? Vielleicht haben Sie aber auch bemerkt, daß Sie dem Wellensittich kein wirklicher Ersatzpartner sein können?

Wenn Sie beim Eingewöhnen eines zweiten Wellensittichs umsichtig vorgehen, werden Sie bald ein Pärchen haben, das zutraulich ist, Kontakt zu Ihnen hat, aber auch nicht zuviel an Zuwendung von Ihnen erwartet, weil es ausgiebig mit sich beschäftigt ist.

Machen Sie einen Züchter ausfindig, der Sie an dem Tag anruft, an dem ein junger Wellensittich den Nistkasten verlassen hat. Das Geschlecht des zweiten Wellensittichs ist – wie gesagt – nicht entscheidend. Bei zwei gleichgeschlechtlichen Vögeln schlüpft einer in die Rolle des fehlenden Geschlechts. Den Vogel sollten

Sie spätestens am nächsten Tag beim Züchter abholen und in einem kleinen Käfig in einem anderen Raum unterbringen als Ihren Erstling. Der Kleine kennt noch keine Menschen und hat keine Angst vor ihnen. Er läßt sich noch gern lose in die Hand nehmen, kuschelt sich sogar wohlig hinein, denn das erinnert an die Wärme der Nestgeschwister. Wenn er das mag, halten Sie ihn so oft wie möglich in der Hand und sprechen Sie sanft mit ihm, so gewöhnt er sich an Sie und Ihre Stimme.

Zerdrücken Sie mit einem Stein Samen aus der Körnermischung und streuen Sie sie auf den Boden. Setzen Sie den Vogel dann behutsam hinunter und stellen Sie fest, wieviel er davon ißt. Kommt es Ihnen wenig vor, geben Sie ihm in Ihrer Hand noch etwas Zwiebackbrösel, in Milch eingeweichtes Weißbrot oder etwas Magerquark mit gehacktem gekochtem Eigelb gemischt. Versuchen Sie, ob er schon von der Kolbenhirse essen kann. Und bieten Sie ihm alle zwei Stunden zerquetschte Samen am Boden an. Am Boden deshalb, weil er von Natur aus darauf programmiert ist, seine Nahrung am Boden zu suchen.

Nach zwei oder drei Tagen setzen Sie den Kleinen dann vor den Augen Ihres Wellensittichs auf den Boden und beobachten das weitere Geschehen. Zunächst wird der Eingewöhnte vor Staunen starr sein, dann aber fliegt er zu Boden und umkreist den Neuankömmling neugierig. Möglicherweise werden Elterninstinkte in ihm wach und er füttert den Kleinen. Vielleicht bettelt der Kleine den Erwachsenen auch an und wird gefüttert. Lassen Sie alles geschehen und greifen Sie nur ein, wenn Ihr Wellensittich den Kleinen jagt oder gar beißt. Dann bringen Sie den Kleinen wieder in seinen Käfig und versuchen es am nächsten Tag erneut. Oft benehmen sich eingewöhnte Wellensittiche aus Eifersucht gegen einen Artgenossen aggressiv. Als ich Manky zum ersten Mal Mini zeigte, machte ich den Fehler, sie in der Hand zu halten. Da rannte Manky entschlossen herzu und riß Mini im Nu ein Federchen vom Kopf. Als ich sie jedoch anderntags am Boden präsentierte, fütterte er sie liebevoll. Sie wurden ein ideales Pärchen.

F·R·A·G·E·N zum Freiflug

Ein Wellensittich, der sein Leben in einem engen Käfig fristet und nie fliegen darf, ist bedauernswert. Fliegen ist das Bewegungselement eines Vogels. Fliegend erreicht er in freier Natur Nahrung, Wasserstellen, entkommt er Feinden. Die vielen Stunden der täglichen Gefiederpflege dienen ausschließlich dem Zweck, das Flugvermögen intakt zu halten, weil das Leben eines Vogels sonst bedroht wäre. Auch ein Heimvogel muß fliegen dürfen, um gesund zu bleiben!

Gefiederpflege ist wichtig für rasante Flüge.

»Soll ein Wellensittich nur bestimmte Freiflugzeiten haben?«

Am schnellsten lernt der Wellensittich seine neue Umgebung richtig kennen, wenn er viel und oft fliegen darf. Das stärkt nicht nur sein Vertrauen zu seinem neuen Lebensraum, sondern hält ihn auch gesund. Da Wellensittiche von Natur aus gewandte Flieger sind, befürworte ich es, wenn Wellensittiche in einem absolut »vogelsicheren« Zimmer (→ Seite 41) tagsüber frei fliegen dürfen. Ein Kletterbaum oder ein Freisitz im Zimmer ermöglicht das problemlose Starten und Landen. Stellen Sie Vogelbaum oder Freisitz möglichst weit entfernt vom Käfig mit der Nahrung auf, dann müssen die Vögel nämlich immer hin- und herfliegen, um essen und trinken zu können. Pärchen animieren sich darüberhinaus gegenseitig zu immer neuen Flugrunden. Wer seine Vögel während des Freiflugs beaufsichtigen muß, weil beispielsweise das Zimmer nicht vogelsicher ist, sollte ihnen täglich mehrmals zu bestimmten Zeiten ausreichend langes Fliegen ermöglichen.

»Wie kriegt man den Wellensittich in den Käfig?«

Einen handzahmen Vogel tragen Sie auf der Hand zum Käfig und halten ihn so vor das offene Türchen, daß ihm nur das Hineinschlüpfen möglich ist. Einem noch handscheuen Wellensittich halten Sie den offenen Käfig so nahe hin, daß er leicht hineingelangen kann. Gelingt das nicht, lassen Sie ihn ruhig für die Nacht auf seinem Sitzplatz. Spürt er am Morgen Hunger und Durst, wird er von sich aus in den Käfig gehen, um sich zu stärken. Versuchen Sie nicht, den Vogel beispielsweise mit einem Besen von seinem Fluchtplatz zu scheuchen, um ihn wieder in den Käfig zu bekommen. Ein solches Schockerlebnis würde Sie zu seinem Feind machen, vor dem er fliehen muß.

»Besteht die Gefahr, daß der Wellensittich gegen Fenster prallt?«

Diese Gefahr besteht nur, solange der Vogel »sein« Zimmer noch nicht gut genug kennt. Vor allem Fenster ohne Stores sind gefährlich für den Wellensittich, denn er sieht die Glasfläche nicht als Raumbegrenzung und kann sich bei einem Aufprall das Genick brechen oder sich schwer verletzen. Um den Vogel an die Begrenzung zu gewöhnen, lassen Sie vor dem ersten Freiflug die Rollos bis auf 20 cm herunter und schalten im Zimmer das Licht an. Der Vogel kann so den Raum kennenlernen und alle Gegenstände darin deutlich ausmachen. Bedecken Sie nun täglich vom Fenster einige Zentimeter weniger, bis Ihr Wellensittich gelernt hat, Fenster zu respektieren und als Begrenzung zu erkennen. Es dauert meist nur ein paar Tage und funktioniert danach mit großer Wahrscheinlichkeit auch in anderen Räumen. Die Gefahr, daß der Vogel gegen Spiegel prallt, ist dagegen nicht so groß, denn der Vogel bremst vor seinem eigenen Spiegelbild rechtzeitig ab.

»Warum schlägt ein Wellensittich mit den Flügeln, ohne zu fliegen?«

Ganz junge, noch flugunfähige Vögel trainieren ihre Flugmuskeln, indem sie mit den Flügeln schlagen. Manchmal halten sie sich dabei auch mit dem Schnabel an einem Zweig oder am Käfiggitter fest. Züchter nennen dieses Fliegen im Leerlauf »propellern« und wissen, daß es nun nicht mehr lange dauern wird, bis die Jungvögel die Nisthöhle verlassen. Auch erwachsene Vögel, die an Bewegungsmangel leiden, schlagen mit den Flügeln und versuchen so, den Notstand auszugleichen

Was Kinder fragen: »Kann sich mein Wellensittich, wenn er frei im Zimmer fliegt, an den dort aufgehängten Mobiles erdrosseln?« (Frage eines zwölfjährigen Mädchens.) Der Wellensittich könnte versuchen, sich an einem Mobile festzuhalten, um zu turnen oder zu knabbern. Dabei ist durchaus die Gefahr des Erdrosselns gegeben. Die Mobiles sollten deshalb aus dem Flugzimmer entfernt werden.

Bei völliger Dunkelheit können sich Wellensittiche schlecht orientieren, sie prallen im Zimmer gegen Möbel und Wände oder flattern panikartig im Käfig, wenn sie nachts durch Geräusche erschreckt werden. Dabei verletzen sie sich leicht. Ein schwacher Lichtschein ermöglicht eine Orientierung.

Das Leben mit dem Wellensittich

Hat sich der Wellensittich erst bei Ihnen eingewöhnt, wird er immer selbstbewußter versuchen, seine Neugierde, seinen Betätigungsdrang und seine Sehnsucht nach Gesellschaft zu befriedigen. Fühlt sich ein Wellensittich in seinem Käfig wohl, ist er für ihn zunächst sicherer Zufluchtsort. Doch hat er fliegend den Raum erprobt und gute Landeplätze entdeckt, wird er sich dort zu schaffen machen. Zaghaft zuerst, dann aber mit zunehmender Intensität wird er alle Gegenstände mit dem Schnabel prüfen, ob sie sich beknabbern, schieben oder hinunterwerfen lassen. Ist ein Vogelbaum im Zimmer, wird er wahrscheinlich der beliebteste Platz, denn dort hängen Spiegelchen, Glöckchen und Bastquasten.

Den Lebensraum erobern

Im Zimmer gibt es genügend kleine Gegenstände, die ihre Anziehungskraft auf den Wellensittich ausüben. So liebte Wellensittich Maxi, der »Klavierspieler«, einen kleinen Elefanten aus Elfenbein mehr als alles Spielzeug, das für Wellensittiche angeboten wird. Der Elefant war der kleinste einer langen Reihe, die in einem Regal standen, nur etwa zwei Zentimeter hoch.

Zunächst versuchte er alle Elefanten der Reihe umzuwerfen, was nur bei den kleineren gelang. Den kleinsten konnte er leicht im Schnabel davontragen. Er warf ihn zu Boden, packte ihn am Rüssel und marschierte stolz erhobenen Hauptes mit seiner Beute durch das Zimmer. Ja, er flog sogar mit ihm auf und brachte ihn in seinen Käfig. Dort gab es die Schwierigkeit, daß der kleine Elefant neben ihm auf der Schaukel schlafen sollte, aber jedesmal zu Boden fiel. Schließlich wechselte Maxi seinen Schlafplatz, ruhte auf einer Sitzstange neben einem Näpfchen und der Elefant im Näpfchen.

Eine Wellensittichhalterin berichtete mir von folgender Lieblingsbeschäftigung ihres Vogels: »Über unserer Eßecke hängt ein Wandregal, in dem Schnapsgläser mit Deckelchen stehen. Unser Wellensittich Pepi klappte die Deckelchen der Reihe nach auf und wieder zu. Von da oben herunterschauen und alles beobachten war für Pepi das Schönste. Unter dem Regal hing ein kleines Glockenspiel mit Herzchen. Da saß er stundenlang und ließ sich die Herzchen über das Köpfchen streichen. Machte ich das Regal sauber, und die Gläschen standen danach nicht mehr am richtigen Platz, warf

Hoch auf dem bunten Wagen gibt es nur einen Platz, und den beansprucht selbstbewußt das Weibchen.

Wellensittiche lieben manche Spielsachen heiß und innig, und die Trauer ist groß, wenn das geliebte Ding einmal kaputtgeht. Legen Sie sich deshalb einen kleinen Vorrat zu. Einem Pärchen sollten Sie Lieblingsspielsachen doppelt anbieten, um Streitereien zu vermeiden.

... alle Körperpartien bis auf das Köpfchen.

Wellensittiche erreichen mit dem Schnabel ...

sie Pepi alle herunter und war erst zufrieden, wenn ich sie wieder exakt in die alte Ordnung brachte.«

Spielen fördert die Aktivität

Wellensittichen ist es als Heimvögel oft langweilig, besonders wenn ein Vogel allein gehalten wird und ihm die Inspiration durch den Artgenossen fehlt.

Aber auch zweien kann der Tag lang werden, denn als Heimvögel müssen sie sich niemals um Nahrung bemühen, da sie meist reichlich vorhanden ist. Sie haben selten oder nie Elternpflichten, müssen sich keine Bruthöhle suchen, sich nie mit ihren Nachbarn auseinandersetzen, kaum ihren Partner oder Nistplatz gegen Rivalen verteidigen. Deshalb brauchen sie als Heimvögel Material zum Knabbern, zum Spielen sowie viel Zuwendung und Anregungen durch ihren Halter.

Gesunde, lebensfrohe Wellensittiche sind so verspielt wie kleine Kinder. Jeder erreichbare Gegenstand wird auf »Schnabelbrauchbarkeit« hin untersucht, und das oft mit beachtlichem Erfolg. So kriegt der Briefbogen auf Ihrem Schreibtisch im Nu einen Zäckchenrand, ein Poster an der Wand wird zunächst zum Sitzplatz auserkoren und anschließend zu Konfetti verarbeitet. Ähnlich kann es Tapeten und Büchern ergehen.

Große Lust bereitet es vielen Wellensittichen, auf dem Schreibstift in der Hand »ihres« Menschen zu balancieren und vor allem an das geheimnisvolle Etwas zu gelangen, das diese komischen Schnörksel hinterläßt. Minen von Kugelschreiber, Bleistift oder Filzschreiber haben ebenso magische Anziehungskraft wie alles, was glänzt, blinkt, ein wenig spiegelt, rollt, sich dreht oder sich schieben läßt. Sie ahnen nicht, wieviel geeignetes Material zum Spielen

Ihr Wellensittich in Ihrem Wohnbereich ausfindig machen wird. Doch zu seinem Besten und zum Wohl Ihrer Einrichtung besorgen Sie ihm lieber von Anfang an einige Spieldinge, die leicht zu beschaffen und für den Vogel ungefährlich sind. Achten Sie darauf, daß alle Kettchen und Schnüre, an denen Spielzeug aufgehängt ist, so kurz und dick sind, daß die Vögel sich nicht damit erwürgen können.

Das Messingglöckchen, das neben dem Schlafplatz des Vogels hängt, ist oft für den einzeln gehaltenen Wellensittich der überaus geliebte Kumpan. Das flüchtige Spiegelbild, das es zeigt, wird zum Artgenossen, zum Trost in der Einsamkeit, zum Rivalen oder zum Partner. Sein Geklingel unterstützt in allen Stimmungslagen die eigenen Ausdrucksmittel.

Für das Männchen eines Pärchens ist das Glöckchen oft ein wahres Stimmungsbarometer. Reißt es wild am Kettchen, zeigt das seinem Weibchen an, daß es einen wahren Draufgänger zum Partner hat; bringt das Männchen das Glöckchen in heftiges Schwingen und Klingeln, ist das ein Beweis der Potenz.

Der Spiegel hat ähnliche Funktionen wie das Glöckchen, zeigt jedoch das Spiegelbild deutlicher und dauerhaft und kann deshalb zum ständigen Partner werden. Das Männchen füttert den Spiegel als Ersatz für ein Weibchen, das Weibchen als Ersatz für Küken.

Doch behält der Spiegel nicht unbedingt stets dieselbe Rolle, manchmal wird er auch zum Feind, der bekämpft werden muß, zum Partner, der Wünsche offen läßt. Der Spiegel wird manchmal als schädlich beschrieben, da sexuell stimulierend. Doch wird ein allein gehaltener Wellensittich auch ohne Spiegel Gegenstände anbalzen und sich an ihnen erregen. Schaden wird nicht durch den Spiegel hervorgerufen, sondern durch die unnatürliche Einzelhaltung.

Ein Hanf- oder Baumwollseil, das vom Käfigdach oder dem Vogelbaum herabhängt, ist für viele Sittiche eine Möglichkeit, immer neue Kletterkunststücke zu erproben. Das Seil darf nicht zu lang und nicht zu dünn sein, damit sich die Vögel nicht an ihm strangulieren können. Zur absoluten Vorbeugung und zum besseren Einsatz als Kletterhilfe können Sie einige Knoten in das Seil knüpfen. Gibt es bei Pärchen Streit um das einzige Seil, am besten ein zweites anbringen.

Viel Sorgfalt verwendet er auf die Flügelunterseiten.

Die Gefiederpflege nimmt täglich einige Stunden in Anspruch. Natürlich putzt der Vogel sich nicht stundenlang ununterbrochen, dafür aber mehrmals am Tag, meist zwischen Ruhepausen und Aktivitäten.

Die geliebten Gitterbällchen werden vom Fachhandel speziell für Wellensittiche angeboten und sehen aus wie kleine ausgehöhlte Globusse, in deren Mitte eine kleine Schelle liegt. Die Bällchen sind so leicht, daß die Vögel sie bequem mit dem Schnabel halten und Strecken weit tragen oder werfen können. Diese Bällchen eignen sich zum Spielen mit Ihnen, zur Selbstbeschäftigung, werden häufig sogar zum sexuellen Ersatzpartner. Mein Manky hatte stets ein solches Bällchen als Favoriten. Ging es im Laufe von Wochen zu Bruch, herrschte regelrecht Trauer. Von mehreren gleichfarbigen wollte er tagelang nichts wissen, bis er sich ganz allmählich einem neuen zuwandte.

Kleine Kreisel aus Holz oder Kunststoff – etwa haselnußgroß und ohne scharfe Ränder und Kanten – üben in Funktion starke Faszination auf Wellensittiche aus. Wie gebannt beobachten sie das sich drehende, tanzende Ding und wagen nicht, sich zu nähern. Wird der Drall dann schwächer und der Kreisel beginnt zu wackeln, rennen sie meist herzu und stupsen ihn mit dem Schnabel an, womit das Spiel aus ist. Aber die erwartungsvollen Blicke werden Sie gewiß dazu veranlassen, den Zauber sofort noch einmal ablaufen zu lassen.

Das Hinunterwerfen von Gegenständen ist ein Vergnügen eigener Art. Was da hinunterfällt, ist dem Wellensittich ganz gleichgültig, er muß es nur veranlaßt haben und dem Geschehen zusehen können. Jede auf dem Tisch befindliche Kugel ist dazu geeignet, nur rollt sie meist zu schnell zur Kante, um den Absturz sehen zu können. Deshalb verschaffen kleine Holz- oder Kunststoffautos dem Vogel das größte Vergnügen. Zunächst muß er das Vehikel mit dem Schnabel in die richtige Richtung befördern und etwas Zielsicherheit üben, und dann muß er es auch noch im rechten Moment loslassen, um in den vollen Genuß zu kommen. Mit so einem kleinen Gefährt und einigen Kugeln können auch Sie zum großartigen Spielpartner Ihres Vogels werden und sich wundern, welch aufregende Varianten er erfinden kann.

Der kleine Leckerbissen

Auch beim Wellensittich trifft das Sprichwort »Liebe geht durch den Magen« in gewisser Weise zu. Wird ihm Kolbenhirse auf der Hand angeboten, vergißt so mancher Vogel seine Angst und sucht auf den Fingern der Hand Halt, um an das Objekt seiner Begierde heranzukommen. Mit Obst läßt er sich ebenfalls gerne verführen. Genüßlich pickt der Wellensittich die Samen von der Erdbeere oder trinkt den Saft der halbierten Kirsche, wenn sie mit der Hand für ihn festgehalten wird.

Zu zweit macht Spielen mehr Spaß

Mit vielen Spieldingen, die für den Wellensittich angeboten werden, kann er nur dann etwas anfangen, wenn Sie regelrecht mit ihm spielen. Alles, was rollt und leicht genug ist, um den Vogel bei einem Zusammenstoß nicht zu verletzen, kann für ein Match genützt werden. Am liebsten rennt der Wellensittich dem rollenden Ding hinterher, kommt es ihm entgegen, mischen sich oft Ängstlichkeit und Angriffslust. Dann entscheidet die Vertrautheit mit dem jeweiligen Gegenstand, ob der Vogel wegrennt oder das Ding mit einem Schnabelstoß ins Aus befördert. Der Erfindungsreichtum Ihres Wellensittichs wird Sie oft zum Staunen bringen. Mein Manky erfand ein Spiel mit einem kleinen Kunststofflineal. Sah er es, setzte er sich geduckt darauf. Ich mußte dann sein Gitterbällchen mit dem Lineal über den Schreibtisch schieben, während er sich ans Lineal klammerte und versuchte, das rollende Bällchen mit dem Schnabel zu greifen.

Petsch, der Wellensittich meines Vetters, liebte es, mit einer kleinen Kugel aus Alufolie zu spielen. Er hielt sie mit beiden Füßen fest, ließ sich auf den Rücken rollen und hielt die Kugel über sich. Jetzt sollte ich sie ihm entwenden. Doch er hielt sich so fest, daß ich mitsamt der Kugel auch den Vogel hochhob. Drehte ich das Ganze mit Schwung nach oben, flog er in weitem Bogen wieder zum Tisch, fing die herzurollende Kugel, um von vorne mit dem Spiel zu beginnen.

Ansprache und Zuwendung

Nahe bei Ihnen zu sein und Ihnen zuzuhören, ist fast ebenso schön wie zu spielen. Einige Minuten sollten Sie sich mehrmals am Tag Zeit nehmen, um mit Ihrem Wellensittich zu reden, denn es schafft enge Bindung und gibt dem Vogel die Gewißheit, daß er nicht allein ist, sondern zu Ihnen gehört. Er wird es genießen, wenn er auf Ihrer Hand sitzend aus Ihrem Mund dem Wortschatz lauschen darf, den er schon kennt. Und bei dieser ungestörten Zweisamkeit wird er auch gern noch Neues hinzulernen.

Mein Manky war geradezu süchtig danach, von mir seine Sätzchen und Lieder zu hören. Mehrmals am Tag kam er zu mir und forderte mich sichtlich zum »Vortrag« auf. Aber nicht immer konnte ich seinen Wunsch erfüllen. Ich habe deshalb sein Repertoire auf Band gesprochen und ließ es ihn manchmal über ein kleines Mikrophon hören. Manky lag dann buchstäblich mit dem Bauch auf dem Mikrophon und lauschte hingebungsvoll. Er kannte die Reihenfolge genau. Machte ich eine etwas längere Atempause, setzte Manky ungeduldig den Text allein fort und hat sich nie im Ablauf geirrt. Noch ein Bericht von einer Wellensittichhalterin über das Vergnügen des Zuhörens: »Pepi liebte die Lesestunde, die ich jeden Abend vor dem Zubettgehen mit meiner kleinen Tochter abhielt. Schon wenn er hörte, daß sie sich die Zähne putzte, flog Pepi ungeduldig zu ihr ins Badezimmer. Beim Lesen saß er dann auf ihrer Schulter, horchte aufmerksam zu und plapperte auch manchmal dazwischen.«

Viel Arbeit, so eine Meerschweinchenmähne zu putzen. Dafür darf der Vogel auch von seinem Salat naschen.

Pause muß sein

Kein Wellensittich ist jedoch rund um die Uhr aktiv. Mehrmals am Tag legen die Vögel eine Ruhepause ein, in der sie regelrecht schlafen oder in Schlafstellung ihr gesamtes Repertoire vor sich her sagen. Manchmal kann man recht genau hören, was einer sagt, manchmal wird es ein Kauderwelsch aus einzelnen Wörtern oder ein sinnloser Silbensalat. Kann ein Wellensittich aus dem Fenster sehen, wird er öfter einige Zeit ruhig Ausschau halten. Manchmal sitzt er auch nur still bei seinem Spiegelchen oder Plastikkumpan.

Jedes Federchen wird gepflegt

Viele Stunden des Tages sind Wellensittiche auch mit der Pflege ihres Gefieders beschäftigt. Nach und nach wird jedes Federchen durch den Schnabel gezogen, entstaubt, geglättet und gefettet. Das fetthaltige Sekret dafür entnehmen sie geschickt mit dem Schnabel der Bürzeldrüse an der Oberseite des Schwanzansatzes, das Kopfgefieder reiben sie direkt an ihr. Das Köpfchen kann ein Wellensittich um 180° drehen, in Vor- und Rückbeuge erreicht er mühelos auch die untere Bauchpartie und die Kloake. Jede Schwanzfeder und die Schwungfedern zieht er kunstvoll der Länge nach durch den Schnabel, wofür schon akrobatische Verrenkungen notwendig sind.

Vom fließenden Wasserhahn zu trinken, ist schön.

Die leichte Fettschicht auf dem Gefieder wirkt wasserabstoßend. Sie verhindert, daß der Vogel bei Regen völlig naß und dadurch flugunfähig wird, was für den freilebenden Wellensittich eine tödliche Gefahr darstellen könnte.

Unverzichtbar: Die Hygiene

Wellensittiche machen wie alle Haustiere etwas Schmutz. Auch wenn nicht gemausert wird, schweben Flaumfederchen durchs Zimmer. Beim Gefiederschütteln verteilt sich eine kleine Staubwolke im Raum. Nahrungsreste, vor allem die leeren Spelzen der Samenkörner, werden beim Flügelschlagen umhergewirbelt und bleiben nicht ausschließlich im Käfig. Und dazu fällt alle 12 bis 15 Minuten ein Kotbällchen, wo immer der Vogel gerade sitzt. Die meisten dieser Spuren lassen sich rasch mit dem Staubsauger beseitigen, selbst trockene Kotbällchen hinterlassen kaum Flecken. Doch Käfig, Vogelbaum oder Freisitz sowie alle Utensilien, mit denen der Vogel spielt, müssen regelmäßig gesäubert werden (→ Praxis Pflege, Seite 58).

Urlaubszeit

Wenn Sie im Urlaub verreisen möchten, müssen Sie zusammen mit Ihrem Quartier auch das für den Vogel bestellen oder bedenken. Im Ausland sollte der Ferienort nicht liegen, denn dort kann es passieren, daß der Wellensittich zunächst in Quarantäne kommt. Auf jeden Fall muß er bei der Wiedereinreise nach Deutschland in eine sechswöchige Quarantäne. Eine Autoreise könnte man ihm zumuten. Aber auch im heißen Sommer darf man sich im Auto nicht mit Durchzug vor der Hitze schützen. Der Vogel verträgt ihn nicht und kann daran sterben. Im Hotel- oder Pensionszimmer muß der Vogel im sicher verschlossenen Käfig bleiben, denn das Personal achtet beim Saubermachen nicht auf geschlossene Türen und Fenster, auch nicht auf Durchzug! Ein Zelt ist kein zumutbarer Platz für eine Wellensittich, eher schon eine Ferienwohnung.

Aber baden in der Hand eines vertrauten Menschen ...   **... ist noch viel schöner.**

<u>Zu Hause</u> in seiner vertrauten Umgebung wäre Ihr Wellensittich bestimmt am liebsten. Ein verläßlicher Betreuer müßte mindestens zweimal täglich nach ihm sehen, ihn versorgen, mit ihm spielen und reden und für genügend Freiflug sorgen. Am besten wäre es natürlich, wenn der Betreuer sich für die Zeit, in der Sie in Urlaub sind, gleich bei Ihnen einquartieren könnte.

<u>Zu Freunden oder Verwandten</u> können Sie den Vogel auch in Pflege geben, wenn Sie ihnen vertrauen und wissen, daß der Vogel dort willkommen ist. Verfassen Sie ein Merkblatt, auf dem genau festgehalten ist, was der Vogel gerne ißt, was wichtig für ihn ist und wovor er eventuell Angst hat. Alle Pflege-Utensilien und die nötige Grundnahrung mitgeben und sich vergewissern, daß der Vogel auch als Logiergast viel fliegen darf.

<u>Zoofachhandlungen</u> nehmen für wenig Geld Wellensittiche in Pflege. Der Vogel wird dort in der Regel gut versorgt, darf allerdings nicht frei fliegen. Zum Trost hat er in der Zoofachhandlung aber die Stimmen von Artgenossen um sich.

<u>Im Krankheitsfall</u>, besonders bei geplantem Klinikaufenthalt, empfehle ich Ihnen eine der letzten drei Möglichkeiten anzustreben. Für den Fall, daß Sie plötzlich in die Klinik müssen oder unverhofft am Heimkommen gehindert werden, rate ich, den Vogel stets reichlich mit Grundnahrung zu versorgen. Im Unglücksfall können Sie der Polizei Ihren Wohnungsschlüssel anvertrauen. Sie wird den Vogel aus Ihrer Wohnung holen und zu der von Ihnen angegebenen Adresse bringen.

<u>Rat für »Alleinerziehende«:</u> Leben Sie mit Ihrem Wellensittich allein, so sollten Sie schon in gesunden Tagen Ausschau nach einem verläßlichen Betreuer für den Vogel halten. Tierheime verfügen über Adressen von Vogelfreunden, die bereit sind, im Notfall oder während der Ferien einen oder zwei Vögel bei sich aufzunehmen. Versuchen Sie einen dieser Tierfreunde kennenzulernen, um notfalls rasch Verbindung mit ihm aufnehmen zu können und die Versorgung Ihres Wellensittichs sicherzustellen.

P·R·A·X·I·S Pflege

Der Wellensittich widmet seiner Gefiederpflege Stunden am Tag. Mit dem Schnabel glättet er alle Federn, befreit sie von Staub und Schmutz und bringt als Pflegemittel Sekret aus der Bürzeldrüse auf (→ Lexikon, Seite 125).

Pflegeplan

Foto 1 bis 3, 5
Die Reinigung der Vogelutensilien sowie bestimmte Vorsorge- und Hygienemaßnahmen sind für Wellensittichhalter ein ebensolches Muß wie die Gefiederpflege für den Vogel.

Tägliche Maßnahmen:
• Alle Sitzäste mit einem Metallbürstchen von Kotresten befreien und mit einem feuchten Papiertuch nachwischen.
• Aus dem Sand im Käfigschuber und im Bottich des Vogelbaums mit einem Löffel alle Schmutzteilchen entfernen. Wenn nötig, frischen Sand nachfüllen.

Wichtig: Nach Entfernen des Sandschubers einen länglichen Gegenstand vor den Schlitz legen, damit der Vogel nicht aus dem Käfig schlüpfen kann.
• Futternäpfe und Wasserspender morgens heiß auswaschen, gut abtrocknen (→ Foto 1, 2 und 3) und neu füllen (von den Hülsen befreite Körnerreste können wieder verwendet werden).
• Am Nachmittag die leeren Hülsen (Spelzen) der verzehrten Körner mit einem Löffel abnehmen (nicht wegblasen, das staubt zu sehr) und die Näpfchen mit Körnern auffüllen, damit die Vögel am nächsten Morgen noch Nahrung vorfinden.

Wöchentliche Maßnahmen:
• Bodenschale und Sandschuber gründlich warm auswaschen und trockenreiben. Frischen Sand einfüllen.
• Restkörner wegwerfen. Alle Näpfe heiß auswaschen, abtrocknen und mit frischer Nahrung füllen.
• Sitzäste in Käfig und Vogelbaum nach dem Vorreinigen mit der Metallbürste (→ Foto 5) heiß abwaschen und trockenreiben.
• Spielzeug abnehmen, warm abwaschen und abtrocknen.

Monatliche Maßnahmen:
• Bodenschale, Sandschuber und Käfig demontiert in die Badewanne stellen, gründlich warm abbrausen und gut bürsten. Anschließend alles trockenreiben.
• Zernagte Äste im Käfig durch frische, heiß gewaschene und getrocknete erneuern.
• Äste und Spielzeug des Vogelbaumes gründlich reinigen wie oben beschrieben. Sand großzügig erneuern. Bei Pflanzen im Vogelbaum Kotspuren auf den Blättern mit Wasser vorsichtig abwaschen.

Wichtig: Für alle Pflegemaßnahmen keine Reinigungs- oder Spülmittel verwenden, sie können für den Vogel unverträglich sein. Klares, heißes Wasser reicht aus. Käfige, die nicht mit Epoxydharz beschichtet sind, nur mit einem feuchten Tuch abwischen.

1 Das Häuschen nach jedem Bad reinigen und abtrocknen.

2 Trinkwasserspender und alle Näpfchen täglich warm waschen.

3 Dafür eignen sich Flaschen- und Spülbürste.

Mein Tip: Frische Kotkügelchen auf glatten Flächen am besten mit einem Papiertuch wegwischen, auf Textilien trocknen lassen, absaugen oder wegbürsten.

4 | **Manche Wellensittiche baden nicht, doch an nassen Blättern befeuchten sie gern ihr Gefieder.**

Badespaß nach Maß
Foto 4

Wenn Sie Ihren Wellensittich dabei erwischen, wie er verzweifelt versucht, seinen Bauch ins Trinknäpfchen zu tauchen, so können Sie dies als deutlichen Wunsch nach einem Bad auffassen.
Viele Wellensittiche baden gern und ausgiebig, andere meiden das Naß und benetzen ihr Gefieder höchstens einmal an einem feuchten Kräuterbündel. Finden Sie heraus, was Ihr Wellensittich mag. Folgende Möglichkeiten bieten sich an.
Vollbad: Dafür eignet sich ein Badehäuschen zum Einhängen in die Türöffnung des Käfigs. Darin kann der Vogel Schwanz- und Bauchgefieder baden, mit den Flügeln hat er wegen der Enge Schwierigkeiten.
• Alternative: Ein Tonuntersetzer für Blumentöpfe (Durchmesser etwa 26 cm). Darin kann der Vogel wechselseitig auch die Flügel ausbreiten.
• Vorbereitung: Badehaus oder Untersetzer ungefähr 2 cm hoch mit lauwarmem Wasser füllen. Das Badehaus in die Türöffnung hängen, wenn der Vogel im Käfig sitzt. Oder den Untersetzer auf den Tisch stellen. Jetzt bleibt es Ihrem Wellensittich überlassen, wie und ob er seine Bedürfnisse befriedigt.

• Reaktion: Zunächst wird er wahrscheinlich am Badewasser nippen, sein Gefieder aufplustern und erregt um den Untersetzer trippeln, ehe er zu planschen beginnt oder doch lieber auf ein so ungeheures Abenteuer verzichtet. Sie sollten Ihrem Vogel das Bad jedoch immer wieder anbieten. Ist die erste Scheu vor dem Wasser überwunden, wird er von selbst zu erkennen geben, daß Badelust herrscht, indem er vielleicht ein Wasserglas beschnäbelt oder erneut ins Trinknäpfchen tauchen will.
Duschbad: Überwindet Ihr wasserscheuer, aber doch badelustiger Wellensittich die Angst vor dem Vollbad nicht, sorgen Sie aus einiger Entfernung für ein sanftes, lauwarmes Duschbad aus der Blumensprühflasche. Vielleicht nimmt er dies nach einer ersten Verwunderung gern an.
In der Sprühflasche darf aber garantiert nie zuvor Flüssigdünger oder Pflanzenschutzmittel gewesen sein.

Taubad: Kann sich Ihr Vogel auch nicht mit dem Duschbad anfreunden, bieten Sie ihm ein noch nasses Kräuterbündel auf dem Käfigdach an. Vielleicht hat er Lust, daran seine Federn zu befeuchten.
Sie können ihm auch im Untersetzer feuchte Kräuter, Löwenzahnblätter oder junges Laub aus dem eigenen Garten anbieten. In ihrer australischen Heimat sind Wellensittiche an das Taubad gewöhnt, wenn sie morgens auf Nahrungssuche durch das feuchte Gras streifen (→ Foto 4).

5 | **Kot mit einer Metallbürste entfernen und Ast feucht abreiben.**

F·R·A·G·E·N zu Zähmen und

Alle Wellensittichhalter wünschen sich zahme Vögel, am liebsten sprechende, die in der richtigen Situation das Richtige sagen. Das Zähmen ist eine Frage der Zuwendung. Je häufiger Sie sich mit Ihrem Vogel beschäftigen, desto zutraulicher und anhänglicher wird er werden. Aber nicht alle Wellensittiche haben Lust zum Sprechen. Man kann sie dazu nicht zwingen. Nur wenn der Vogel von selbst zu plappern beginnt, hat es Sinn, seinen Eifer durch viel Vorsprechen zu fördern.

Ein Artgenosse, auch ein Männchen.

»Wie lange dauert es, bis der Wellensittich zahm wird?«

Wenn der Wellensittich nicht älter als drei Monate ist, bestehen gute Chancen, daß der Vogel ein zutraulicher und zahmer Hausgenosse wird. Nur Wellensittiche, die wesentlich älter sind und nicht an die Gesellschaft von Menschen gewöhnt waren, werden nur ausnahmsweise noch handzahm. Sie können sich aber bei einfühlsamer Behandlung mit der Gegenwart von Menschen abfinden und die größte Scheu vor ihnen überwinden. In jedem Fall hängt der Erfolg von Ihrer Geduld und Ausdauer ab sowie vom Naturell Ihres Vogels. Je mehr Zeit Sie investieren, desto rascher wird der Vogel zahm. Es gibt aber kein »Rezept« für das Zähmen, denn jeder Wellensittich spricht auf eine andere Art von Zuwendung an. Die einen lassen sich durch Leckerbissen wie etwa Kolbenhirse verführen, die anderen durch Spielen, und wieder andere möchten sacht gekrault werden oder lieben es einfach, dicht bei Ihnen zu sitzen und Ihrer Stimme zu lauschen.

»Wie kann man einen zweiten Wellensittich handzahm machen?«

Den zweiten, möglichst jungen Wellensittich, sollten Sie für einige Tage in einem anderen Raum als den bereits eingewöhnten halten und sich intensiv mit ihm beschäftigen, bis er ebenfalls handzahm ist. Wenn der zweite Vogel sofort zum bisher allein gehaltenen Vogel darf, wird sein ganzes Interesse dem Artgenossen gelten. Ihnen gegenüber bleibt er zunächst scheu. Doch mit der Zeit wird er lernen, daß Sie keine Gefahr bedeuten, daß Sie Nahrung bringen und in mißlichen Situationen helfen. Er wird allmählich seine Scheu vor Ihnen überwinden und Sie ebenso akzeptieren wie Ihr erster Wellensittich.

Sprechenlernen

**»Wie bringt man Wellen-
sittichen das Sprechen bei?
Sprechen nur Männchen?«**

Sprechbegabte Wellensittiche
sagen vieles von dem nach,
was sie häufig hören, zum
Beispiel Grußworte oder Namen. Sie können Ihrem Wellensittich aber auch gezielt
etwas beibringen. Sagen Sie in
wiederkehrenden Situationen
immer dasselbe Wort, bei-
spielsweise »Guten Morgen«,
wenn Sie morgens das Zimmer
betreten, »Jetzt gibt's was
Gutes«, wenn Sie Nahrung
bringen. Wenn er sie erwar-
tungsvoll ansieht, sprechen Sie
dem Vogel immer ein kleines
Sätzchen möglichst im gleichen Rhythmus vor. Wiederholen Sie seinen gesamten
Wortschatz während des vertrauten Beisammenseins. Führt
das alles nicht zum Erfolg, so
hat Ihr Vogel keine Lust zum
Sprechen. Hat ein Wellensittich lange einsam oder ausschließlich mit Artgenossen
zusammen gelebt, wird er
kaum mehr mit dem Sprechen
beginnen.
Am häufigsten sprechen Wellensittich-Männchen; ich kenne aber einige Wellensittich-
Weibchen, die über einen erstaunlichen Wortschatz verfügen.

**»Schadet den Vögeln
das Sprechen?«**

Sprechende Wellensittiche
fühlen sich wohl, sie haben
guten Kontakt zu einem oder
mehreren Menschen, betrachten diese als zu ihrer Schar
gehörend und haben ihre angeborene Fähigkeit der stimmlichen Modulation dazu benützt, mit ihren menschlichen
Scharmitgliedern in deren Lau-
ten zu kommunizieren. Das
Sprechen schadet ihnen ebensowenig wie das arttypische
Gezwitscher oder Zetern.

**Was Kinder fragen:
»Kann ein Wellensittich,
wenn er richtig sprechen
kann, auch lesen?«
(Frage eines achtjährigen
Mädchens.)
Nein, das kann ein Wellensittich nicht, weil er kein
menschliches Gehirn hat.
Aber er kann auf andere
Art »lesen« als wir, näm-
lich die Zeichen der Natur
deuten, Gesten und
Lautäußerungen seiner
Artgenossen verstehen und
die menschlichen Stim-
mungen fühlen.**

**Wenn redefreudige Wellensittiche plötzlich nicht
mehr sprechen oder nach und nach damit aufhören,
ist das leider ein Alarmzeichen. Altersschwäche
oder eine beginnende Krankheit können der Grund
dafür sein. Den Vogel dann sorgsam beobachten
und möglichst zum Tierarzt bringen.**

Die artgerechte Ernährung

Wellensittiche ernähren sich in ihrer australischen Heimat in der Hauptsache von Sämereien verschiedener Gräser oder Kräuter. Müssen sie bei der ständigen Suche nach Nahrung trockene Gebiete durchziehen, machen sie an den noch vorhandenen Wasserstellen halt, da sie Trinkwasser benötigen, um die trockenen Körner im Kropf aufzuweichen. Sind Flüsse und Tümpel ausgetrocknet, streifen die Vögel bei der morgendlichen Nahrungssuche durch die Steppe und trinken Tau, der an den Gräsern hängt. Daß Wellensittiche dabei auch etwas mineralstoffreichen Sand und kleinste Steinchen als Verdauungshilfe aufnehmen, ist erwiesen.

Die Grundnahrung

Die Kenntnisse über die Nahrung der Wellensittiche in der Natur ermöglichen es, unseren Heimvögeln eine ausgewogene Mischung aus getrockneten Samenkörnern anzubieten. Sie schwankt je nach Hersteller geringfügig in ihrer Zusammensetzung, doch besteht sie aus ungefähr 30 % Glanz- oder Spitzsaat, 25 % Silberhirse, 20 % Plata- oder Senegalhirse, 15 % Nackthafer und Bluthirse, 5 % Negersaat und

5 % Leinsamen. Gute Mischungen enthalten auch noch etwas Kardi- und Perillasaat sowie Japanhirse. Manche Mischung ist außerdem noch mit den sogenannten Jodkörnchen angereichert, die der Schilddrüsenerkrankung vorbeugen sollen.

Aufpassen beim Futterkauf

Wenn Sie Grundnahrung für Ihren Wellensittich kaufen, sollten Sie nicht nur auf das Abpackdatum achten, sondern auch auf den Zustand der Verpackung. In Zoofachhandlungen, Supermärkten, Gartencentern und Drogeriemärkten fand ich wiederholt Waren, deren Abpackdaten länger als eineinhalb Jahre zurücklagen. Bei einigen hieß es: »Haltbarkeit 18 Monate nach Herstellung, siehe Bodenlasche«, aber auf der Bodenlasche war kein Datum zu finden. Andere Packungen hatten den Aufdruck: »Haltbar bis: …«, das Datum fehlte leider.
Der Verkäufer nimmt diese Ware nicht automatisch aus dem Regal. Man ist als Verbraucher aufgefordert, selbst sehr kritisch zu sein. Ist eine Packung zerbeult oder gar eingerissen, ist die Wahrscheinlichkeit groß, daß der Inhalt verdorben ist. Aber auch Körner aus unbeschädigten

Frische Obstbaumblätter und Blüten schmecken ausgesprochen gut. Die darf es ruhig noch viel häufiger geben.

Packungen können verdorben sein und Ihren Vogel krank machen, zum Beispiel durch Fäulnis, Schimmel und Ungeziefer. So stellen Sie diese Mängel fest:
• Fäulnis: Faule Samen riechen penetrant, während gesunde Samen geruchlos sind.
• Schimmel: Läßt sich durch weißlich-grauen Belag erkennen. Allerdings muß man die Körner dafür genau prüfen, am besten nacheinander über die Handfläche rieseln lassen und Stichproben mit der Lupe machen.
• Ungeziefer: Die Körner sind teilweise zusammengeklumpt. Spinnwebenfeine Fäden durchziehen die Mischung.
Richtig aufbewahren: Wer nur einen oder zwei Wellensittiche hat, reicht mit einer Packung der Grundnahrung einige Wochen. Wer mehr Vögel hält, kauft wahrscheinlich im Samenhandel nach selbstzusammengestelltem Rezept und lagert seine Mischung längere Zeit. Um den

Verderb zu vermeiden, Samen stets trocken, dunkel, luftig lagern. Am besten in Säckchen oder Säcken aus Naturfasern hängend in einem entsprechenden Raum lagern. Hängend, weil so Mäuse und andere Schädlinge nicht so leicht an die Samen kommen.
Falsch lagern: In Plastikbeuteln oder -säcken, in verschlossenen Blech- und Kunststoffdosen oder Schraubgläsern lagern die Samen zum einen nicht luftig und verderben, zum anderen nicht dunkel und verlieren rascher an Wertstoffen.

Für Kolbenhirse läßt der Vogel alles andere stehen.

Keimfähige Samen sind wertvoll

Seriöse Futterlieferanten halten sich an die bestehende Verpackungsordnung und haben auf den Packungen mit der Samenmischung das Abpackdatum eingestanzt. Eine wenig hilfreiche Maßnahme, da kein Mensch weiß, wie lange die Samen zuvor bereits gelagert wurden. Alle Sämereien werden einmal im Jahr geerntet und bleiben bei sachgemäßer Lagerung ein Jahr keimfähig, zwei Jahre genießbar. Da jedoch selbst bei richtigem Lagern die Nährwerte allmählich abgebaut werden, sind nur keimfähige Samen für die Ernährung unserer Vögel vollwertig. Deshalb von jeder Packung, die Sie kaufen, sofort die Keimprobe machen. Keimen die Samen, sind sie auch reich an Inhaltsstoffen, keimen nur etwa 50 % der Probe, sollten Sie die gesamte Packung wegwerfen und eine andere kaufen (→ Keimrezept, Seite 69). Züchtervereine fordern jetzt von den Herstellern der Tiernahrung, daß statt des Abpackdatums das Verfallsdatum angegeben wird.
Nur keimfähige Samenkörner sind reich an Wertstoffen, die den Wellensittich gesund erhalten. Achtet man zu wenig auf die Keimfähigkeit, ist die Gefahr einer Mangelerkrankung gegeben.

Wieviel Nahrung braucht der Vogel?

• Pro Vogel morgens zwei Teelöffel der Körnermischung ins Näpfchen geben; auch wenn Sie zwei Näpfchen füllen, geben Sie in jedes zwei Teelöffel, sonst liegen die Samen zu tief im Napf und der Vogel erreicht sie nur mit Mühe.
• Am Nachmittag die leeren Hülsen von den Körnern mit einem Löffel abnehmen, sonst erreicht der Vogel die vollen Körner nicht.
Mein Rat: Blasen Sie die leeren Hülsen der Körner nicht aus. In der Wohnung macht das zu viel Schmutz, und zum Fenster hinaus ist es zu gefährlich, da der Vogel wegfliegen könnte.
• Sind am Nachmittag nur noch wenig Samen im Näpfchen, einen Teelöffel voll nachfüllen, denn vor dem Einschlafen und am nächsten Morgen muß der Vogel sich sättigen können.
Es ist gut, Ihrem Vogel stets reichlich Nahrung anzubieten. Ein richtig gehaltener Wellensittich nimmt nur soviel davon, wie er braucht. Sie könnten einmal am Heimkommen gehindert sein, dann sind reichlich gefüllte Näpfchen ein Segen für den Vogel.
Es ist schlecht, durch Rationieren der Grundnahrung den Vogel vor dem Dickwerden schützen zu wollen. Vögel haben einen regen Stoffwechsel und brauchen häufig am Tag kleinere Mengen an Samen. Dick werden Wellensittiche vor allem, wenn sie zu selten fliegen dürfen, zu wenig Beschäftigung haben und zum Ausgleich dafür die unnötigen Dickmacher bekommen; das sind die Herzchen und Stangen, an denen die Samen mit Zucker- oder Honiglösung festgeklebt sind. Sie sind zu vergleichen mit Schokoladeriegeln.

Trinkwasser nicht vergessen

Selbstverständlich braucht ein Wellensittich täglich frisches Trinkwasser. Gut ist nicht zu kaltes Wasser aus der Leitung, besser ist der Vogeltrank aus dem Zoofachhandel, und am besten ist kohlensäurefreies Mineralwasser mit seinen wertvollen Inhaltsstoffen. Nur der kranke Vogel bekommt auf Anraten des Tierarztes schwach aufgebrühten schwarzen Tee oder Kräutertee.
Wichtig: Wer keinen Trinkwasserspender benützt, sollte das Trinkwasser auch während des Tages erneuern, wenn es durch Kot oder zu viele leere Hülsen der Samen verschmutzt ist.

In einer harmonischen Vogelehe weiß das Männchen genau, was die Partnerin am liebsten mag.

Frischkost: eine willkommene Abwechslung

Mit Frischkost werden in der Vollwertküche gemischte, roh gereichte Gemüse, Obst und Kräuter bezeichnet. Der Wellensittich kann als Heimvogel kaum genug davon bekommen, denn die Samen-Grundnahrung enthält nicht alle Vitamine, die er braucht, um gesund zu bleiben, sein schönes Gefieder zu behalten und nicht zu dick zu werden. Die Frischkost ist für den Vogel zugleich Schnabelarbeit, also gesunde Beschäftigung, die Essen aus Langeweile unterbindet. Bieten Sie ihm deshalb täglich Gemüse und Obst der Saison an, möglichst frisch vom Markt und immer von dem, was Sie gerade für sich und Ihre Familie gekauft haben. Aber bitte darauf achten, ob es dem Vogel auch bekommt.

Bekömmliches rohes Gemüse: Auberginen, Chicorée, grüne Erbsen und Erbsenschoten, wenig Fenchel, wenig Gurke, junge Löwenzahnblätter, milchreife Maiskörner, Mangoldblätter, Möhre, unbehandelte Blattsalate außer Kopfsalat, Paprikaschote, Sauerampfer, Spinatblätter, Tomate, Zucchini.

Bekömmliches frisches Obst: Ananas, Apfel, Aprikose, Banane, Birne, Brombeeren, Erdbeeren, Feigen, Himbeeren, Kirschen, Kiwi, Mandarine, Melone, Orange, Pfirsich, Weintrauben.

Unbekömmlich sind: Alle Kohlarten, rohe und grüne Kartoffeln, grüne Bohnen, behandelte (gegen Ungeziefer gespritzte) Blattsalate, Grapefruits, Rhabarber, Pflaumen, Zitronen, Avocados.

Wichtig: Nichts darf aus dem Kühlschrank kommen, alles muß Raumtemperatur haben, zuvor warm gewaschen, trockengerieben oder -getupft und geschält werden. Faulige Stellen großzügig wegschneiden. Schimmeliges muß weggeworfen werden, da Schimmel für das Auge unsichtbar auch im Inneren von schimmeligen Lebensmitteln angesiedelt ist.

Wie wird Frischkost angeboten?

Früchte mit festem Fleisch, wie Ananas, Apfel, Birne, Möhre, Zucchini in so dicke Scheiben oder Spalten schneiden, daß sie sich zwischen die Gitterstäbe des Käfigs klemmen lassen. Weiches Obst in kleine Würfel schneiden und mit kleingeschnittenem oder geraspeltem Gemüse gemischt in einer Schale anbieten. Seien Sie nicht entmutigt, wenn Ihr Wellensittich jegliche Frischkost zunächst ignoriert. Irgendwann wird er neugierig den Inhalt der Schale mit dem Schnabel untersuchen. Dabei kommen seine Geschmacksnerven mit dem Saft einer Frucht in Berührung und der Bann ist gebrochen. Das kann aber Tage, ja Wochen dauern, in denen Sie die Mühe nicht scheuen sollten, dem Vogel dennoch täglich Frisches anzubieten. Wellensittiche, die einmal auf den Geschmack gekommen sind, lieben die Frischkost als Schnabelarbeit. Sie brechen kleine Stücke vom festen Fruchtfleisch, zerreiben den »Bissen« im Schnabel und lassen ihn dann zu Boden fallen. Von weichen, saftigen Früchten saugen sie vor allem den Saft ein. Bei diesem Naschen gelangen Partikelchen der Früchte in den Körper des Vogels und versorgen ihn mit den nötigen Vitaminen und Mineralstoffen. Bedenkt man das geringe Körpergewicht des Wellensittichs, so wird klar, daß sein Bedarf an lebenswichtigen Wertstoffen nicht mit unserem vergleichbar ist.

Vergessen Sie nicht, daß Wellensittiche zwar zur Familie der echten Papageien gehören, doch ihre Schnäbel nicht so kräftig sind wie die ihrer größeren Artgenossen. Sie können auch nicht wie diese Nahrung mit dem Fuß halten und zum Schnabel führen. Wellensittiche enthülsen mit Hilfe ihres Schnabels und der kleinen dicken Zunge kunstvoll Samen, mühelos beißen sie Stückchen aus weichen Früchten. Doch festes Fruchtfleisch muß man ihnen entweder geraspelt anbieten oder in dicken Scheiben gut befestigen, so daß sie daran nagen können. Viele Wellensittiche lieben es beispielsweise, von Erdbeeren die kleinen Samen abzupicken, welche die Früchte überziehen. Das können sie aber nur, wenn Sie die Beeren mit der Hand festhalten. Auch Kirschen und Weintrauben können sie nur genießen, wenn diese halbiert sind. Werden sie auch noch festgehalten, dann trinken viele Wellensittiche regelrecht den Saft.

Bekehrungsversuche bei Frischkost-Verweigerern

Aus Leserbriefen weiß ich, daß mancher Wellensittichhalter schier verzweifelt, weil sein Vogel schon jahrelang jegliches Obst und Gemüse verweigert. Vielleicht helfen kleine Tricks, den Vogel zu überlisten. Die meisten Wellensittiche sind gierig nach der Nahrung, die wir Menschen zu uns nehmen.

Versuchen Sie, sich Obst und Gemüse in kleinen Happen auf einem Teller anzurichten und setzen Sie sich zur Mahlzeit, wenn Ihr Vogel dabei ist. Wenn Sie essen, wird er möglicherweise auch davon kosten wollen und Gefallen daran finden. Nach einigen Tagen der »Verführung« brauchen Sie sicherlich nicht mehr mit ihm zu essen, da freut er sich auch so auf Frisches. Wenn Sie im Bekanntenkreis von einem Wellensittich wissen, der leidenschaftlicher Vegetarier ist, laden Sie ihn ein. Ob sich die Vögel außerhalb der Käfige begegnen oder ein jeder in seinem Käfig, Seite an Seite, sie werden sich füreinander interessieren und einander scharf beobachten. Geben Sie beiden Vögeln nach einer Weile Frischkost. Es würde mich wundern, wenn Ihr Verweigerer es nicht bald dem Artgenossen gleich täte und ebenfalls davon äße.

Kräuter und Wildpflanzen gehören zum Menü

Zur Frischkost gehören auch Kräuter und Wildpflanzen, weil sie denen ähnlich sind, die Wellensittiche auch in der Natur finden.

Aus Küche und Garten können Basilikum, Borretsch, Fenchel, Kerbel, Melisse, Minze und Petersilie die Frischkost ergänzen.

Von der Wiese (ungedüngt) oder vom Wegrand (jedoch nicht entlang der Straßen, wegen der Auspuffgase) können Sie beim Spaziergang Wildpflanzen sammeln. Gern mögen Wellensittiche halbreife Samen vom einjährigen Rispengras und von der Blut-Fingerhirse oder Blätter und Blüten der Zaunwicke. Darüberhinaus sind auch abgeblühte Gänseblümchen ohne Stengel, geöffnete Samenkapseln von Stiefmütterchen, Blüten und Früchte vom Eingriffeligen Weißdorn sowie Blätter und Stengel von jungem Löwenzahn gefragt. Sauerampfer, Hirtentäschel, Vogelmiere und Wasserkresse eignen sich ebenfalls gut.

Die Kräuter bieten Sie richtig an, indem Sie sie lauwarm abbrausen, trockenschwenken und gebündelt mit einer Klammer auf dem Käfigdach befestigen.

Minerale und Spurenelemente

Auch der Wellensittich braucht Minerale und Spurenelemente wie wir Menschen nur in minimalen Mengen. Quentchen davon enthalten die Samen und die Frischkost. Die wichtigsten, nämlich Kalk und Phosphor, sind im Schnabelwetzstein, in Sepiaschalen und im Vogelsand enthalten. Schnabelwetzstein oder Sepiaschale immer vorrätig haben, denn manchmal zernagt der Vogel das wochenlang verschmähte Präparat in wenigen Stunden wie im Heißhunger.

Wichtig: Sepiaschalen, die ebenfalls als Wetzstein verwendet werden, sollten keinem brutfreudigen Weibchen angeboten werden. Einige reagieren darauf mit Legenot (→ Lexikon, Seite 130).

Es ist serviert!

Neben einer Mischung aus getrockneten, keimfähigen Samenkörnern ist für Wellensittiche Frischkost – Gemüse, Obst und Kräuter – unentbehrlich, um den täglichen Bedarf an Vitaminen und Mineralstoffen zu decken. Sie muß Raumtemperatur haben und darf nicht direkt aus dem Kühlschrank serviert werden. Kalk und Phosphor sind auch im Schnabelwetzstein, in der Sepiaschale und im Vogelsand enthalten. Täglich frisches Trinkwasser ist daneben unerläßlich.

Was der Vogel sonst noch mag

Der Zoofachhandel bietet Verschiedenes an, das dem Wellensittich gut schmeckt. Sie können aber auch selbst etwas für Ihren Vogel zubereiten.

Angebote im Zoofachhandel:

• Kolbenhirse ist die wichtigste Bereicherung der täglichen Nahrung des Wellensittichs. Als hochwertiges Naturprodukt ist Kolbenhirse ideal für brütende Paare, Jungvögel sowie für kranke und schwache Vögel. Gesunde erwachsene Vögel sollten jedoch täglich nicht mehr als ein etwa 6 cm langes Stück davon bekommen, sonst ernähren sie sich ausschließlich von der Kolbenhirse, was zu einseitig wäre. Das Stück der Kolbenhirse mit einer Klammer am Käfig befestigen oder in die dafür angebotene Halterung stecken.

• Zusatzkörner, in kleinen Tütchen abgepackt, werden mit verschiedenen Hinweisen angeboten. Die als Mauserhilfe bezeichneten sind sicherlich vitaminisiert und mit Aufbaustoffen angereichert (eine Analyse ist bisher nicht bekannt). Andere, wie beispielsweise die Sprechperlen, regen kaum die Lust eines Wellensittichs zum Sprechen an, er muß sie von Natur aus mitbringen und Sie müssen sie durch geduldiges Vorsprechen fördern (→ Seite 55).

• Herzchen, Ringe und Stangen, an denen Samen kleben, werden als Leckerbissen angeboten. Niemand weiß, ob sie den Vögeln besonders gut schmecken, oder ob sie daran eher ihr Bedürfnis zum Nagen befriedigen. Die Samen haften auf den Formen mittels Zucker- oder Honiglösung, die unnötige Kalorien liefert. Frische Zweige geben gesündere Gelegenheit zum Nagen, da unter deren Rinde Wertstoffe sitzen, die die Vögel aufnehmen (→ Praxis Käfig, Seite 34 und 35).

• Vitaminpräparate halte ich dagegen für eine sinnvolle Ergänzung der Nahrung, da sich der Vitamingehalt der Grundnahrung ebensowenig prüfen läßt wie der von Gemüse und Obst. Vitamine sind aber lebenswichtig. Je kleiner der Organismus, desto empfindlicher reagiert er auf deren Mangel. Für Wellensittiche geeignete Präparate bekommen Sie im Zoofachhandel oder in der Apotheke. Sie können in das Trinkwasser gegeben, über die Frischkost oder über Keimlinge geträufelt werden. Stets auf das Haltbarkeitsdatum achten, überlagerte Präparate sind wertlos.

Was Sie selbst zubereiten können:

• Hartgekochtes Eigelb, gemischt mit wenig Magerquark, bietet wertvolle Eiweißnahrung. Einmal wöchentlich ein halber Teelöffel davon ist bekömmlich.

• Von frischgeschrotetem Getreide, wie Sie es vielleicht in Ihr Morgenmüsli mischen, können Sie den Vögeln täglich eine Löffelspitze, in wenig lauwarmem Wasser eingeweicht, geben.

• Mit gekeimten Samen sollte Ihr Wellensittich im Winter, im zeitigen Frühjahr, während der Mauser und des Brütens eine drei- bis vierwöchige Kur machen. Noch besser ist es allerdings, dem Vogel alle vier Wochen eine dreiwöchige Kur anzubieten.

Ständig sollte jeder Vogel gekeimte Samen bekommen, der überhaupt keine Frischkost zu sich nimmt. Gekeimte Samen beugen Mangelerscheinungen vor, stärken schwache Vögel und halten gesunde fit. Zum Keimen eignen sich Samenmischungen der Grundnahrung, Sprießkornhafer, Sprießkornweizen sowie alle Samenmischungen, die im Reformhaus zum Keimen angeboten werden. Sobald keimfähige Samen Wasser aufnehmen, beginnen in ihnen chemische Reaktionen, die das Keimen veranlassen. Dabei werden vorhandene Vitamine, Mineralstoffe und Spurenelemente aufgeschlossen, wodurch bereits gequollene, mehr noch gekeimte Samen an Wert gewinnen.

Frisches Wasser. Aber wie drankommen?

Zum Glück kann der Vogel fliegen.

Wer da rein fällt! Also gut festhalten beim Trinken.

Das Keimrezept

<u>Sehr wichtig:</u> Die Samen während des Quellens nicht luftdicht abdecken, da sie sonst leicht schimmeln. Die Keimlinge hingegen schimmeln rasch, wenn sie dem Keimgefäß entnommen werden. Deshalb nach ungefähr zwei Stunden wegwerfen, was der Vogel noch nicht verzehrt hat.

• Je 1/2 Teelöffel Grundnahrung, Sprießkornhafer und -weizen oder andere Samen von 2 cm Wasser bedeckt 24 Stunden einweichen.

• Die Samen danach lauwarm abbrausen, abtropfen lassen, in ein Glasschälchen füllen und locker mit einem Glasteller zugedeckt 48 Stunden hell bei Raumtemperatur stehen lassen.

• Sobald Keime aus den Samen spitzen, können Sie sie dem Vogel anbieten, besser warten Sie jedoch, bis die Keime etwa 1 bis 2 cm hoch gewachsen sind. Wiederum lauwarm abbrausen, gut abtropfen lassen und in einem Näpfchen anbieten.

Naschen vom Eßtisch

Kaum jemand wird widerstehen können, wenn ein zahmer Wellensittich bei Tisch von Teller zu Teller trippelt, um von den gebotenen Speisen zu naschen. Doch der Aufenthalt zwischen heißem Essen, scharfen Gewürzen und anderem für den Vogel Unverträglichen birgt Gefahren. Er kann sich an heißen Speisen verbrühen – ein

Wellensittich, den ich kannte, sprang vor Gier in die Terrine mit heißer Suppe und war tot –, die Zunge verbrennen, an stark Gewürztem ersticken. Wer es seinem Wellensittich dennoch erlaubt, sich während der Mahlzeiten auf dem Tisch aufzuhalten, sollte speziell für ihn eine Kleinigkeit bereithalten; beliebt sind ein Stückchen abgekühlte Kartoffel, ein paar Nudeln, mild gewürztes Gemüse, etwas Weißbrot oder Obst. Bleibt der Wellensittich im selben Raum während der Mahlzeiten der Menschen eingesperrt, wird auch er zu essen beginnen, nämlich aus seinem Näpfchen.

Der ideale Speiseplan zum Eingewöhnen

In den ersten zehn Tagen im neuen Heim mag der Wellensittich täglich:

• die bisher gewohnte Samenmischung,
• Kolbenhirse unbegrenzt,
• reichlich frisches Wasser,
• je eine Apfelspalte und eine dicke Scheibe Banane in der Schale,
• 1 bis 2 Scheiben Möhre oder 2 Teelöffel geraspelte Möhre (je nachdem, was der Wellensittich lieber mag),
• ein Bündel Petersilie oder Vogelmiere.

F·R·A·G·E·N zur Ernährung

Man weiß, daß Wellensittiche sich in der freien Natur überwiegend von Grassamen ernähren. Während der Aufzucht ihrer Jungen brauchen sie halbreife Samen, weil in ihnen mehr Wertstoffe stecken als in trockenen. Diese Wertstoffe können wir unseren Heimvögeln durch gekeimte Körner, ab und zu Eiweißkost sowie durch viel Obst und Gemüse verschaffen. Je abwechslungsreicher das Angebot, desto besser die Ernährung Ihres Wellensittichs.

Fein, aus dem Vollen zu leben.

»Wie oft soll das Futter des Wellensittichs erneuert werden?«

Morgens gibt man pro Vogel etwa einen Eßlöffel von der Körnermischung ins Näpfchen. In der zweiten Tageshälfte müssen die leeren Hülsen (Spelzen) abgenommen werden, sonst findet Ihr Wellensittich die noch vollen Körner darunter nicht. Blasen Sie die leeren Spelzen aber nicht am offenen Fenster weg, dabei sind schon viele Vögel entflogen. Nehmen Sie die Spelzen lieber mit einem Löffel von der Oberfläche und füllen Sie Samen nach, wenn nur noch ein kleiner Rest im Näpfchen ist. Der Vogel muß immer Körnernahrung zur Verfügung haben. Selbst wenn er zum Dickwerden neigt, darf ihm nicht die Nahrung entzogen werden, denn darauf ist sein Organismus nicht eingerichtet. Die nötige Frischkost sollten Sie dagegen zweimal täglich reichen, da sie durch das Stehen im warmen Zimmer an Wertstoffen verliert. Des weiteren sollten die gekeimten Körner vor allem an heißen Tagen nach etwa zwei Stunden entfernt werden, da sie rasch zu schimmeln beginnen, und Schimmel Gift für den Vogel ist.

»Wie erreicht man, daß der Wellensittich Obst ißt?«

Das kann sich als schwierig erweisen, wenn der Vogel nicht jung daran gewöhnt wurde. Geben Sie aber nicht zu schnell auf! Bieten Sie Ihrem Wellensittich immer wieder Obst an, wenn es sein muß, auch während Sie mit ihm spielen. Hat er erst einmal in einen Apfel, eine Erdbeere gebissen, wird er auf den Geschmack kommen. Oft hilft auch die zeitweilige Gesellschaft eines anderen Wellensittichs, der Obst mag und es in Gegenwart des Verweigerers ißt. Oder Sie essen selbst Obst, vielleicht wird Ihr Vogel so neugierig und will auch probieren. Wenn Sie ein noch feuchtes Kräuterbündel auf dem Käfigdach befestigen, wird Ihr Vogel möglicherweise hineinbeißen und anschließend frische Kräuter mögen.

»Warum pickt der Wellensittich Kalk aus der Wand?«

Es kann sich um eine Mangelerscheinung beim Vogel handeln. Er braucht dann nicht nur Kalk, sondern auch Minerale und Spurenelemente, die ein Kalkstein enthält. Dieser wird im Zoofachhandel angeboten und trägt die Aufschrift: »Kalkstein enthält alle Stoffe zum Aufbau des Knochengerüstes und zur Bildung der Federn.« Auch wenn der Wellensittich nicht sofort am Kalkstein knabbert, lassen Sie diesen im Käfig. Manchmal wird der Kalkstein monatelang ignoriert und dann in wenigen Tagen völlig zernagt und konsumiert. Auch das Knabbern an Eierschalen ersetzt den Kalkstein nicht, denn in ihnen ist zwar Kalk, nicht aber die nötigen Minerale und Spurenelemente enthalten. Doch es macht den Vögeln Spaß. Geben Sie Ihrem Wellensittich möglichst nur Eierschalen von Hühnern, die biologisch und nicht mit Fischmehl ernährt wurden.

»Darf der Wellensittich Zwieback zernagen und essen?«

Es schadet dem Wellensittich nicht, wenn er etwas Zwieback ißt, vorausgesetzt, Sie geben ihm nicht viel davon. Sonst besteht die Gefahr, daß der Vogel zu wenig von den Körnern und der Frischkost ißt, die viel gesünder für ihn sind, und zu dick wird. Auch an altbackenem Brot oder Brötchen vom Vortag darf der Vogel knabbern und ein wenig davon essen. Am besten geben Sie ihm dafür ein Stückchen von der Rinde, aber prüfen Sie stets, ob kein Schimmel daran haftet, denn Schimmel ist giftig für den Vogel.

Was Kinder fragen: »Wann braucht mein Wellensittich frisches Wasser?« (Frage eines zehnjährigen Jungen.)

Der Vogel braucht täglich frisches, nicht zu kaltes Trinkwasser. Es muß tagsüber erneuert werden, wenn es verschmutzt ist. Auch das Wassernäpfchen ist täglich zu reinigen.

Viele Wellensittiche sind zu dick. Vor allem allein gehaltene Vögel neigen dazu, aus Langeweile zu essen. Dennoch darf man sie nicht hungern lassen! Sorgen Sie für frische Zweige zum Nagen, Frischkost, viel Zuwendung, häufigen Freiflug und viel Spielen mit dem Wellensittich.

Wenn der Vogel krank ist

ellensittiche sind in der Obhut des Menschen empfindlich gegen lieblose Betreuung, Hektik, Vernachlässigung und unhygienische Haltung sowie anfällig für Unpäßlichkeiten und ernsthafte Erkrankungen. Nur, wie können sie es uns zeigen, wenn sie sich schlecht fühlen, Schmerzen haben oder gar leiden? Allein der Mensch, der die Vögel ständig betreut, kann erkennen, wenn sich das gewohnte Verhalten plötzlich oder auch allmählich ändert. Bleibt das Lieblingsspielzeug über Tage unbeachtet, verstummt ein kleiner Redekünstler mehr und mehr, verharrt ein sonst kontaktfreudiger Vogel abseits, sollte das Ihre Aufmerksamkeit wecken.

Der kranke Wellensittich

Ist der Wellensittich krank, so sitzt er meist aufgeplustert und mit leicht hängendem Schwanz in fast waagerechter Haltung teilnahmslos auf seinem bevorzugten Platz und vermeidet Kontakt. Den Schnabel im Rückengefieder vergraben, die glanzlosen Augen halb geschlossen ruht er auf beiden Füßen, nicht wie im gesunden Schlaf auf nur einem Fuß. Er nimmt kaum Nahrung auf, trinkt dafür viel-

leicht öfter. Wird dem Vogel nicht rasch geholfen, kann er so kraftlos werden, daß er sich nicht mehr auf dem Sitzast halten kann und auf den Boden fällt. Der Gang zum Tierarzt darf in einem solchen Fall nicht lang erwogen werden. Er ist zwingend, denn ein so kleines Lebewesen braucht schnelle Hilfe.

Erste Hilfsmaßnahmen

Manche Krankheiten kommen nur schleichend zum augenfälligen Ausbruch. Glücklicherweise zeigt der Alltag in tierärztlichen Praxen, daß die gefürchteten schlimmen Krankheiten relativ selten vorkommen. Viel häufiger sind Verletzungen durch einen Aufprall, durch den Fußring, durch zu lange Krallen, durch Hund oder Katze, auch Knochenbrüche und Flügelverrenkungen. Noch junge Wellensittiche sind außerdem anfälliger als ältere, weil ihre Abwehrkräfte noch nicht völlig entwickelt sind. Sie leiden häufig an Durchfall, Verstopfung, Erkältungen. Für den Fall, daß Sie einmal den Rat und die Hilfe eines Tierarztes benötigen, sollten Sie sich schon bald nach dem Erwerb Ihrer Vögel erkundigen, wo in Ihrer Umgebung ein Tierarzt praktiziert, der nachweislich Erfahrungen in der

Derart muntere und geschäftige Wellensittiche sind gesund. Ein kranker Vogel sitzt nur apathisch auf dem Ast.

Behandlung von Wellensittichen hat. Bei Unpäßlichkeiten, Beeinträchtigungen und nach Unfällen des Wellensittichs ist man aber zunächst auf sich selbst gestellt. Die folgenden Empfehlungen sollen Ihnen helfen, weiteren Schaden zu vermeiden.

Durchfall

<u>Anzeichen:</u> Wäßriger Kot.

<u>Ursache:</u> Viele Wellensittiche scheiden nach einem zu kühlen Bad, nach einem Schock, aus Trauer, nach zu reichlich oder zu kalt genossener Frischkost wäßrigen Kot aus.

<u>Behandlung:</u> Sie sollten dem Vogel Aktiv- oder Tierkohle geben, indem Sie sie entweder über die Körner streuen oder – noch effizienter – mit wenig Wasser gemischt mit einer Pipette in seinen Schnabel träufeln. Gekochter, ungewürzter Reis ist ebenfalls ein wirksames Mittel gegen Durchfall. Zu trinken bekommt er schwach aufgebrühten, lauwarmen schwarzen Tee oder schwachen Kamillentee. Solange der Kot nicht wieder normal ist, sollten Sie jegliche Frischkost weglassen. Eventuell Vitamintropfen ins Trinkwasser geben, dem Vogel etwas Knäckebrot oder trockenes Weißbrot zur Schnabelarbeit anbieten und für gleichmäßige Wärme sorgen.

<u>Vorsicht:</u> Ist der Kot nicht nur wäßrig, sondern schäumend, mit Blut gemischt, auffallend verfärbt, müssen Sie umgehend den Tierarzt konsultieren!

Verstopfung

<u>Anzeichen:</u> Der Vogel preßt angestrengt, wippt seitlich mit dem Schwanz und kann keinen Kot absetzen.

<u>Ursache:</u> Die Kloake des Vogels ist verklebt.

<u>Behandlung:</u> Den Vogel in die Hand nehmen und die Kloake mit lauwarmem Wasser abtupfen. Bringt das nicht den erhofften Erfolg, dem Vogel ein bis zwei Tropfen Paraffin- oder Olivenöl in den Schnabel träufeln und für 24 Stunden jegliche Nahrung, Vogelsand und Gritt entfernen, nur Wasser anbieten.

<u>Vorsicht:</u> Hält die Verstopfung an, den Vogel zum Tierarzt bringen. Bei einem Weibchen könnte es sich auch um Legenot (→ Lexikon, Seite 130) handeln, vor allem beim allererersten Ei; die Kloakengegend ist dann sichtlich gerundet. In diesem Fall mit Infrarotlicht (→ Praxis Erste Hilfe, Seite 78) bestrahlen. Löst die Wärme die Verkrampfung nicht in den nächsten zwei Stunden, besteht Lebensgefahr. Den Vogel dann sofort zum Tierarzt bringen.

Aufwürgen von Körnern

<u>Anzeichen:</u> Das Aufwürgen von Körnern ist bei Männchen und Weibchen zu beobachten.

<u>Ursache:</u> Ursprünglich zum Füttern der Jungen nötig, kann das Aufwürgen der Körner zur Balzhandlung am Ersatzobjekt werden. Männchen füttern so ihr Spiegelbild oder einen Gegenstand statt des nicht vorhandenen Weibchens, Weibchen füttern ebenfalls einen Gegenstand statt der gewünschten Küken.

<u>Vorsicht:</u> Würgt ein Wellensittich nicht nur Körner, sondern auch schäumenden Schleim auf, und das nicht nur gelegentlich, sondern mehrmals am Tag, könnte er an einer Kropfentzündung leiden. Diese kann ausgelöst werden durch die Aufnahme von unverträglichen oder giftigen Stoffen, durch Infektionen oder Kropfverstopfungen, die durch zu viel Sand und Gritt entstanden sind, durch Jodmangel oder zu kalte Nahrung.

<u>Behandlung:</u> Der Tierarzt muß helfen.

Häufiges Niesen

<u>Anzeichen:</u> Der Vogel niest häufig, wobei Nasensekret auslaufen kann.

<u>Ursache:</u> Niesen kann durch Temperaturschwankungen und zu trockene Luft im Raum ausgelöst werden oder den Beginn einer Erkältung anzeigen.

<u>Behandlung:</u> Für gleichmäßige Wärme sorgen, den Vogel vor jeglichem Luftzug schützen. Fließt Nasensekret aus, dem Vogel einige Tropfen Nasivin (aus der Apotheke) auf die Nasenlöcher träufeln und ihn mit Infrarotlicht bestrahlen (→ Praxis Erste Hilfe, Seite 78). Niest Ihr Wellensittich jedoch nur gelegentlich, reinigt er so seine Atemwege.

<u>Vorsicht:</u> Eine schwere Erkältung, begleitet von Atemgeräuschen, muß vom Tierarzt umgehend behandelt werden.

Viel Bewegung durch Klettern und vor allem Fliegen trägt entscheidend zur Gesunderhaltung der Heimvögel bei.

Schweres Atmen

<u>Anzeichen:</u> Der Vogel atmet schwer, eventuell sind sogar Atemgeräusche zu hören.
<u>Ursache:</u> Schweres Atmen kann auf Fettleibigkeit aus Bewegungsmangel zurückzuführen sein.
<u>Behandlung:</u> Stets für frische Luft sorgen, den Vogel zum Fliegen animieren, Kolbenhirse reduzieren.
<u>Vorsicht:</u> Hängt der Vogel mit dem Schnabel am Käfiggitter, um bei gestreckter Luftröhre

zu atmen, so muß er umgehend zum Tierarzt gebracht werden.

Parasiten

<u>Anzeichen:</u> Der Vogel nestelt unruhig am Gefieder, kratzt sich ständig.
<u>Ursache:</u> Parasiten (→ Lexikon, Seite 133) haben den Vogel befallen.
<u>Behandlung:</u> Der Tierarzt sollte ein Mittel zur gezielten Vernichtung der Parasiten verschreiben, Ihnen die Anwendung und die anschlie-

ßend nötige Desinfektion aller Sachen, mit denen der Vogel in Berührung gekommen ist, genau erklären.

Vorsicht: Bemerken Sie gleichzeitig bei Ihrem Wellensittich Gewichtsverlust, stumpfes Gefieder und Federrupfen, sollte der Tierarzt zusätzlich prüfen, ob Hormon- oder Stoffwechselstörungen vorliegen. Ist das nicht der Fall, handelt es sich vermutlich um psychische Störungen, die durch die Gesellschaft eines zweiten Wellensittichs zu beheben sind.

Bein-, Flügelverletzungen

Anzeichen: Der Vogel humpelt, zieht ein Bein nach oder läßt einen Flügel hängen.

Ursache: Kann von einer Prellung herrühren, entstanden durch Aufprall, Stoß, Rivalenkampf.

Behandlung: Den Vogel isoliert bei gleichmäßiger Wärme halten. Bessert sich das Befinden nicht innerhalb von 24 Stunden, den Tierarzt aufsuchen.

Vorsicht: Hängt ein Flügel kraftlos herab, belastet der Vogel ein Bein überhaupt nicht, so liegt wahrscheinlich ein Knochenbruch oder eine Luxation – eine Verrenkung – vor, die vom Tierarzt behandelt werden muß. Derartige Erscheinungen werden aber auch durch Hoden-, Eierstock- oder andere Krebstumoren hervorgerufen.

Verdickung unter der Haut

Anzeichen: Unter der Haut entsteht eine Verdickung.

Ursache: Die Verdickung könnte auf eine langsam wachsende Fettgeschwulst, aber auch auf einen Tumor hindeuten.

Behandlung: Den Vogel in jedem Fall zum Tierarzt bringen.

Blutende Wunden

Anzeichen: Der Vogel blutet aus einer Wunde.

Ursache: Wunden können durch spitze Gegenstände oder auch bei Rivalenkämpfen entstehen.

Behandlung: Die Wunden müssen sofort von Ihnen mit Eisenchlorid behandelt werden, denn das kleine Lebewesen verfügt höchstens über 3 ml Blut. Schon der Verlust von etwa 1/2 ml ist lebensgefährlich. Das Eisenchlorid auf ein sauberes Papiertaschentuch streuen, die Wunde damit umfassen und ungefähr 60 Sekunden

leicht andrücken. Den Vogel im Einzelkäfig ruhigstellen.

Vorsicht: Blutet der Vogel aus der Kloake oder dem Schnabel, müssen Sie auf innere Verletzungen schließen und ihn sofort zum Tierarzt bringen.

Zu lange Krallen, zu langer Oberschnabel

Anzeichen: Der Vogel bleibt mit den Krallen zum Beispiel im Store hängen und verletzt sich. Er ist beim Essen behindert.

Ursache: Die Krallen und der Oberschnabel sind zu lang.

Behandlung: Das nötige Kürzen unbedingt vom Tierarzt vornehmen lassen, da das Anschneiden der Blutgefäße zu gefährlich ist.

Gehirnerschütterung

Anzeichen: Der Vogel wirkt benommen oder ist bewußtlos.

Ursache: Der Vogel ist beim Fliegen gegen ein Fenster, einen Gegenstand oder eine Wand geprallt.

Behandlung: Sie sollten ihn auf die rechte Körperseite in eine mit weichem Papier ausgepolsterte Schachtel legen und den Deckel mit vielen Luftlöchern schließen, damit der Vogel dunkel ruht.

Vorsicht: Erholt sich der Wellensittich nicht innerhalb von zwei Stunden, bringen Sie ihn zum Tierarzt.

Veränderungen am Ringfuß

Anzeichen: Der Ringfuß des Vogels ist geschwollen.

Ursache: Der Vogel ist mit dem Ring an einem Gegenstand hängengeblieben und hat, um sich zu befreien, am Ring gezerrt. Der Ring kann bei zu starker Schwellung des Fußes die Blutzirkulation unterbrechen.

Behandlung: Diesen Fuß kontrollieren. Geht die Schwellung nicht zurück, dann sollten Sie den Tierarzt aufsuchen und den Ring von ihm abnehmen lassen.

Vorsicht: Es ist verboten, den Ring vorsorglich abzumachen. Den Ring nur vom Tierarzt abnehmen lassen und sich über die notwendige Maßnahme eine Bestätigung ausstellen lassen. Bestätigung und Ring als Dokument aufbewahren.

Wenn Medikamente nötig sind

Halten Sie sich bei jeder Behandlung Ihres Wellensittichs mit Medikamenten genau an die Vorschriften des Arztes bezüglich der Dosis, der Behandlungsdauer und der Art des Eingebens. Lassen Sie sich erklären, wie Sie dem Vogel ein Medikament am besten verabreichen. Wählen Sie gegen eine Unpäßlichkeit eines der nachfolgend erwähnten Mittel, gehen Sie folgendermaßen vor:

Flüssige oder pulverisierte Mittel über die Körner, am besten über gekeimte Körner träufeln oder streuen oder im Trinkwasser verabreichen.

Medikamente in Form von Tabletten zu Pulver zerdrücken. Wird ein Medikament in das Trinkwasser oder den Tee gegeben, verhindern Sie, daß der Vogel seinen Durst an Obst oder Gemüse stillen kann. Müssen Sie dem Vogel ein Mittel eingeben, so umschließen Sie ihn lose mit einer Hand und träufeln beziehungsweise streuen ihm das Medikament auf die Zunge. Besonders reibungslos greifen Sie den Vogel im verdunkelten Zimmer. Er sieht dann schlecht und regt sich nicht allzu zu sehr darüber auf. Folgende Medikamente dürfen Sie nach der jeweiligen Packungsbeilage als Maßnahme zur Ersten Hilfe anwenden:

Im Zoofachhandel erhalten Sie die Mauserhilfe, eine mit Vitaminen angereicherte Samenmischung, die den Vogel kräftigt und das Federwachstum fördert.

Aus der Apotheke bekommen Sie
• Odylen, eine Lösung, mit der Sie anhand eines Wattestäbchens von Sittichräude befallene Stellen betupfen können. Achtung: Augen und Nasenlöcher aussparen.

• Nasivin, ein leichtes Mittel gegen Schnupfen, das man auf die Nasenlöcher träufelt.
• Vitaminpräparate: Vitacombex, Emulvit oder Multi-Bio-Weyx-In.
• Bei Erkältungen mit Atembeschwerden Transpulmin Balsam E, Wick vapurup oder Tigerbalsam während der Infrarotbestrahlung → Praxis Erste Hilfe, Seite 78) in heißes Wasser neben dem Käfig geben; die ätherischen Öle lindern die Beschwerden.
• Augentropfen, garantiert cortison- und antibiotikafrei, zur Behandlung verkrusteter Augenlider, zur Reinigung von Wunden und der Kloake. Keinen Kamillentee verwenden, er ist zu aggressiv.
• Eisenchlorid als blutstillendes Pulver.

Alarmzeichen

Bemerken Sie bei Ihrem Vogel eines der folgenden Anzeichen, informieren Sie sich zunächst auf den Praxisseiten »Erste Hilfe« (→ Seite 78 und 79). Bringen Sie den Vogel dann auf schnellstem Wege zum Tierarzt.

• Taumeln, zittern oder sogar vom Ast fallen.
• Krämpfe oder Lähmungserscheinungen.
• Durch ausgeschleuderten Schleim verklebtes Kopf- und Halsgefieder, verklebte Nasenlöcher.
• Piepsende, pfeifende Atemgeräusche, mit dem Schnabel am Gitter hängen, um bei gestreckter Luftröhre atmen zu können.
• Schäumender, mit Blut gemischter Kot.
• Tränende Augen oder mit schleimigem Sekret verkrustete Augenlider.
• Stark blutende Verletzungen.
• Hängende Extremitäten.
• Unnatürliche Kopfhaltung: Kopf nach hinten gebogen oder Kopf stark seitlich getragen.

Gut beobachtet – schnell geholfen!

Die Gewohnheiten des Wellensittichs, seine Vorlieben, Abneigungen, Lieblingsleckerbissen genau zu kennen, ist die Voraussetzung für das rasche Bemerken jeder Verhaltensänderung und das Einleiten eventuell notwendiger Hilfsmaßnahmen. Nicht immer muß das Aufgeben bisheriger Gepflogenheiten mit ernsthaften Erkrankungen einhergehen. Oft beeinflussen Temperaturschwankungen oder Angsterlebnisse das Verhalten des Vogels kurzzeitig.

P·R·A·X·I·S Erste Hilfe

Einen unpäßlichen oder kranken Wellensittich sollten Sie zunächst in einen Käfig für sich allein setzen und ihm isoliert von seinem Artgenossen Ruhe bei gleichmäßiger Wärme gönnen. Eine Bestrahlung mit Infrarotlicht kann Linderung bringen.

regen Blutkreislauf und Stoffwechsel an, wodurch schädliche Stoffe rascher abgebaut und Abwehrkräfte aktiviert werden. Die Temperatur im Käfig prüfen, sie sollte 35 °C nicht übersteigen; eventuell die Entfernung des Strahlers verändern.
Der Vogel sollte ausreichend schwachen schwarzen Tee zur Verfügung haben.
Außerdem stellen Sie in der Nähe des Käfigs eine Schüssel mit dampfendem Wasser auf, damit

Wie lange bestrahlen? Wenn nötig, den Strahler zwei Tage und Nächte ununterbrochen eingeschaltet lassen. Nach eintägiger Pause erneut einschalten, bis es dem Patienten sichtlich besser geht.
Vor dem Abschalten des Strahlers: Die Temperatur im und um den Käfig darf nur allmählich auf Zimmertemperatur absinken. Das sollte etwa zwei bis drei Stunden in Anspruch nehmen. Den Strahler während dieser Zeit zentimeterweise vom Käfig entfernen. Anschließend den Käfig halbseitig mit einem Tuch bedecken, damit der Vogel sich in eine dunklere, garaniert zugfreie Ecke zurückziehen kann.

Der Gang zum Tierarzt
Foto 2 und 3
Ändert sich das Befinden Ihres Wellensittichs nicht innerhalb weniger Stunden, müssen Sie ihn unbedingt zum Tierarzt bringen. Den Vogel für den Transport in einen kleinen Käfig setzen. An einer Längsseite des Käfigs mit Gummispannern eine warmgefüllte Gummiwärmflasche befestigen (→ Foto 2), damit der Vogel bei kalter Witterung nicht friert und sich an die warme Käfigseite schmiegen kann (im Hochsommer nur an kühlen Tagen).
Den Käfig in einen Karton mit ausreichend vielen Luftlöchern stellen und auf kürzestem Weg zum Tierarzt bringen. Wer kein Auto besitzt und auf den umständlichen Transport mit öffentlichen Verkehrsmitteln ange-

1 | Ein kranker Wellensittich braucht gleichmäßige Wärme durch einen Infrarot-Dunkelstrahler, der außerhalb des Käfigs aufgestellt wird.

Infrarotbestrahlung
Foto 1
Einen Infrarot-Dunkelstrahler von 150 bis 250 Watt im Abstand von ungefähr 40 cm so auf den Käfig richten, daß nur eine Hälfte im Strahlungsbereich liegt. So kann der Vogel in die andere Hälfte ausweichen, wenn es ihm zu warm wird oder ihm die Strahlen nicht zuträglich sein sollten. Infrarotstrahlen dringen wärmend unter die Haut des Patienten,

genügend Luftfeuchtigkeit entsteht.
Wichtig: Bei Lähmungserscheinungen – der Vogel zieht einen Fuß nach, ein Flügel hängt herab – und bei Krämpfen ist eine Bestrahlung eher schädlich. Dann unverzüglich den Tierarzt aufsuchen.

**2 │ Für jeden Transport
den Vogel vor Kälte schützen.**

wiesen ist, kann auf eines der
Tiertaxis zurückgreifen, die es in
vielen Städten gibt.

Bei Flügel- oder Beinbruch: Muß
ein Vogel mit gebrochenem
Flügel oder mit einem gebroche-
nen Bein transportiert werden,
nimmt man das Käfigoberteil ab
und entfernt alle Sitzäste, Spiel-
zeuge und Näpfchen im oberen
Bereich. Die Bodenschale mit
reichlich weichem, zerknülltem
Papier auslegen und den Vogel
hineinsetzen (→ Foto 3). Das
Gitteroberteil wieder aufmon-
tieren und den Vogel wie oben
beschrieben zum Tierarzt bringen.

Fragen, die der Tierarzt stellen wird

• Wie alt ist Ihr Wellensittich?
• Aus welcher Tierhandlung/von
welchem Züchter stammt er?
• Wann machte er zum ersten
Mal einen kranken Eindruck?
• Was fiel Ihnen besonders am
Verhalten des Vogels auf?
• War der Vogel früher schon
einmal krank? Wurde eine be-
stimmte Krankheit festgestellt?
• Wer hat ihn mit welchen
Maßnahmen/Medikamenten be-
handelt?
• Welche Körnermischung be-
kommt der Vogel? (Probe mit-
nehmen.)
• Welche Zusatznahrung erhält
der Vogel?
• Was kriegt er zu trinken?
• Was hat er an Obst und Ge-
müse zu sich genommen?
• Könnte er an giftigen Stoffen
genagt haben?
• Welche Tiere leben außer dem
Wellensittich noch in Ihrem
Haushalt?

**3 │ Bei Knochenbrüchen den
auf weiches Papier setzen.**

Fünf Grundregeln für den Krankheitsfall

1. Den Wellensittich isolieren, für
Ruhe und Wärme sorgen, bei Be-
wußtlosigkeit dunkel halten.
2. Infrarotbestrahlung.
3. Möglichst rasche Konsultation
eines Tierarztes.
4. Strikte Einhaltung aller vom
Tierarzt empfohlenen Maß-
nahmen.
5. Medikamente exakt nach Anweisung des Tierarztes verabreichen, Dosis und Dauer der Gaben
peinlich genau befolgen.

Hygiene-Tip

Nach allen Erkrankungen, besonders nach ansteckenden, müssen
Sie den Käfig, den Freisitz und alle
Gegenstände, mit denen Ihre
Vögel in Berührung kommen,
gründlich reinigen und mit einem
Desinfektionsmittel nach Ge-
brauchsanweisung des Herstellers
desinfizieren. Die desinfizierten
Gegenstände gut warm abwaschen und trocknen lassen.

**4 │ Das Füßchen dieses jungen Wellensittichs ist verkrüppelt. Die
Ursache muß der Tierarzt feststellen. Vielleicht kann er helfen?**

F·R·A·G·E·N rund um die Gesundheit

Für die meisten Wellensittich-halter gehört der Vogel zur Familie, sein Wohlbefinden ist ihnen sehr wichtig. Viele Krank-heiten lassen sich durch eine artgerechte Haltung des Wellen-sittichs vermeiden. Je besser die Kondition eines Vogels ist, desto eher wird er eine dennoch auf-tretende Krankheit überwinden. Regelmäßige Zuwendung ist für Ihren Wellensittich unerläßlich.

Interessantes von oben betrachtet.

»Schadet es einem Wellensittich, ständig im Käfig leben zu müssen?«

Fliegen ist das Lebenselixier für einen Wellensittich. Er ist nicht nur ein schneller, son-dern auch ein ausdauernder Flieger. In freier Natur gelangt er fliegend zu den Futter- und Wasserstellen, entkommt er fliegend seinen Feinden. Pein-lich genau wird das Gefieder eingefettet, um die Federn wasserabstoßend zu machen. Nur so kann der Vogel verhin-dern, daß er bei Regen durch-näßt und damit flugunfähig wird. Ein Wellensittich, der seinen Käfig nicht verlassen darf, kümmert wegen der fehlenden Flugmöglichkeit und stumpft gegenüber seiner Umgebung ab. Aus Langewei-le kann er sich überfressen oder sich die Federn aus-rupfen. Er sollte also täglich Gelegenheit zum ausgiebigen Freiflug haben. In den Wohn-räumen kann er sein ange-borenes Flugvermögen ohne-hin nur in geringem Maße anwenden. Wer keine Zeit oder Lust hat, sich mit dem Vogel zu beschäftigen und ihm trotz der Heimhaltung einen artgerechten Lebensbe-reich zu schaffen, in dem er fliegen, spielen, nagen, baden und sein Gefieder pflegen kann, sollte lieber auf die Vogelhaltung verzichten.

»Mein Wellensittich rupft sich die Schwanzfedern aus und schläft kopfunter.«

Ihr Vogel protestiert mit dem Federrupfen eventuell dage-gen, daß er nicht oft genug aus dem Käfig darf. Beobach-ten Sie einmal, ob er auch rupft, wenn er frei fliegen kann. Wenn er außerhalb des Käfigs munter ist und nicht rupft, sollten Sie Ihren Wellen-sittich häufiger frei im Zimmer fliegen lassen. Schläft ein Wel-lensittich kopfunter am Käfig-dach hängend, so ist dies zwar nicht typisch, doch kenne ich einige Vögel, die diese Ange-wohnheit haben. Das außer-gewöhnliche Verhalten kann allerdings auch darauf hin-weisen, daß der Wellensittich Ihre Zuwendung braucht.

»Kann mein Wellensittich mich oder ich ihn mit einer Erkältung anstecken?«

Ihnen kann der Schnupfen Ihres Vogels nichts anhaben, so wie auch Ihre Erkältung für den Vogel keine Gefahr darstellt. Die einzige Krankheit, die ein Mensch durch Wellensittiche bekommen kann, ist die Papageienkrankheit (→ Lexikon, Seite 132 und Wichtige Hinweise, Seite 141). Sie äußert sich ähnlich einer Grippe oder leichten Lungenentzündung. Aber ein Vogel mit Schnupfen ist gefährdet. Sorgen Sie sofort für gleichmäßige Wärme mit Infrarotlicht (→ Praxis Erste Hilfe, Seite 78). Vermeiden Sie generell beim Lüften des Raumes, daß Ihr Vogel Zugluft bekommt oder krassen Temperaturschwankungen ausgesetzt wird. Am besten bringen Sie den Vogel während des Lüftens in ein anderes Zimmer. Wenn es draußen friert, sollte der Käfig nicht zu nahe am Fenster stehen. Der plötzliche Temperaturabfall ist für den Vogel sehr schädlich. Auch ein zu kaltes Bad kann beim Vogel eine Erkältung hervorrufen.

»Mein Wellensittich hat manchmal wäßrigen Kot. Was kann ich tun?«

Streuen Sie zunächst täglich etwas Tierkohle über die Körner und entziehen Sie dem Vogel jegliche Frischkost, bis sich der Kot normalisiert hat. Stellt sich keine rasche Besserung ein, sollten Sie einen Tierarzt aufsuchen. Beobachten Sie aber genau, wann der Kot wäßrig ist. Viele Wellensittiche reagieren mit wäßrigem Kot beispielsweise auch auf Temperaturschwankungen, auf ein zu kaltes Bad, auf Einsamkeit, Trennung vom Partner oder Umgebungswechsel.

Was Kinder fragen: »Mein Wellensittich sitzt auf seiner Stange im Käfig und nickt heftig mit dem Kopf. Warum macht er das?« (Frage eines neunjährigen Mädchens.) Der Wellensittich möchte Gesellschaft haben – die eines anderen Wellensittichs oder die eines vertrauten Menschen. Spiegelchen und Plastikkumpan können ihm die Zeit vertreiben helfen, solange »sein« Mensch nicht für ihn da ist.

Die Strahlen des Fernsehers sind für den Wellensittich nicht gerade schädlich. Dennoch sollte ein Vogel seinen Schlafplatz nicht direkt vor dem Flimmerbild haben. Die ständigen Lichteffekte und die Geräuschbelästigung können den Vogel hochgradig nervös machen.

Vogelnachwuchs stellt sich ein

Viele Wellensittichbesitzer wünschen sich Nachwuchs von ihrem Pärchen, nachdem sie es beim liebevollen Schnäbeln und gegenseitigen Gefiederputzen beobachtet und gesehen haben, wie das Männchen sein Weibchen eifrig füttert. Bevor der angehende Wellensittichzüchter Brut, Nestlingszeit und das Selbständigwerden der Wellensittich-Kinder aus der Nähe erleben kann, hat er – auch wenn er sein Pärchen nur ein einziges Mal brüten lassen will – zuvor dem Gesetz zu entsprechen. Die Zucht muß amtlich genehmigt werden, um bei einem möglichen Auftreten der Papageienkrankheit (→ Lexikon, Seite 132) sofort eingreifen zu können.

Gesetzliche Formalitäten

Welches Amt die Zuchtgenehmigung erteilt, ist von Bundesland zu Bundesland verschieden. Aber sie ist unbedingt erforderlich. Beim Landratsamt, dem Ordnungs- oder dem Gesundheitsamt können Sie erfahren, an welche Stelle Sie sich wenden müssen (→ Fragen an den Rechtsanwalt, Seite 94).
Wenn Sie als Zuchtraum aber beispielsweise Ihre Küche oder den Schlafraum eines Familienmitgliedes vorgesehen haben, so ist es unwahrscheinlich, daß Sie die Zuchtgenehmigung erhalten. Der Amtstierarzt würde dies als gesundheitsschädlich ansehen. Der Zuchtraum sollte also nicht zum Wohnbereich der Familie gehören, denn laut Tierseuchengesetz, Fassung vom 22.2.1991, müssen die zur Bekämpfung der Psittakose (Papageienkrankheit, → Lexikon Seite 132) erforderlichen Räumlichkeiten vorhanden sein.

Brüten im gewohnten Käfig

Haben Sie bei Ihrem Pärchen Balzverhalten beobachtet und sich aufgrund dessen die Zuchtgenehmigung besorgt, so brauchen Sie nun als erstes einen Nistkasten (→ Praxis Brut-, Aufzuchthilfe, Seite 92). Am besten wird er außen am Käfig installiert. Im Inneren würde er zu viel Platz beanspruchen. Sie könnten dort auch nur unter schwierigen Bedingungen in den Kasten schauen und würden bei den nötigen Pflegemaßnahmen die Elternvögel auf so engem Raum stören. Man kann den Nistkasten auch direkt neben dem Käfig an die Wand hängen – möglichst in einer Höhe, die eine mühelose Nestkontrolle erlaubt. In jedem Falle sollte

Die beiden Männchen sind stattliche Burschen, aber schüchtern. Mal sehn, welchen das Weibchen herumkriegt.

Bald wird liebevoll geschnäbelt und ausgiebig das Köpfchen gekrault. Der Weg zur Vogelhochzeit ist dann nicht mehr weit.

die Käfigtür während des Brütens offen bleiben, damit die Vögel viel Freiflug haben und ungehindert von den Futternäpfen zum Nistkasten gelangen können.

Vom »Liebesgeflüster« zur Paarung

Wer seinem sich bereits in Brutstimmung befindlichen Pärchen einen Nistkasten anbietet, setzt einen vorprogrammierten Ablauf in Gang. Das Weibchen wird den Kasten zunächst vorsichtig, dann immer gründlicher untersuchen. Auch das Männchen wirft einen Blick hinein, überläßt es aber dem Weibchen, sich mehr und mehr darin zu schaffen zu machen. Dieses nagt ein wenig an den Innenwänden, vielleicht auch am Einschlupfloch und hält sich zunehmend länger im Kasten auf.

Anders, wenn ein einander noch unbekanntes Pärchen in der Hoffnung auf Nachwuchs zusammengebracht wird. Das Weibchen verhält sich zunächst oft passiv oder reagiert auf das werbende Männchen mitunter aggressiv. Mit unendlicher Geduld muß das Männchen dann trippelnd das Weibchen umkreisen, ihm zaghaft mit dem Schnabel auf die Schulter tippen, sich mit aus Erregung verengten Pupillen und abgestelltem Kopf- und Halsgefieder vor ihm verbeugen, mit dem Kopf nicken und es gegen den Schnabel stupsen. Sind beide am Boden, versucht das Männchen seiner Partnerin auf den Schwanz zu treten, was sie zunächst zeternd abwehrt. Eifrig klopft das Männchen auch vor seinem Weibchen auf Holz und versucht, ihm trillernd zu imponieren. Wiederholt nähert es sich, um das Kopfgefieder des Weibchens zu beknabbern und probiert, es mit rechtwinklig gehaltenem Schnabel zu füttern.

Hochzeitsstimmung

Hat das Weibchen seine Scheu vor dem werbenden Männchen verloren, duldet es seine Nähe beim Ruhen und Schlafen, nimmt Futtergaben aus seinem Schnabel an, gestattet ihm das Kraulen des Kopfgefieders und folgt ihm von Ast zu Ast. Manchmal geht die Initiative aber auch vom Weibchen aus. Es nähert sich dem verdutzten Männchen und bettelt regelrecht nach Art der Jungvögel um Futter, sucht die Nähe des Partners und bietet ihm wieder und wieder Hals oder Kopf für die Gefiederpflege an. Sind beide Vögel noch sehr jung, braucht es oft Monate, bis die lebenslang dauernde Ehe geschlossen wird und das Paar in Brutstimmung kommt.

Haben die Balz-Zeremonien das Weibchen endlich in Hochzeitsstimmung gebracht, bietet es sich mit weit zurückgebogenem Köpfchen und erhobenem Schwanz, waagerecht auf einem Ast sitzend, zur Paarung an. Das Männchen besteigt in höchster Erregung den Unterrücken des Weibchens, legt einen oder auch beide Flügel um es und findet mit dem Schnabel Halt in seinem Nackengefieder. Beide Vögel pressen in kompliziertem Balanceakt ihre Kloaken aufeinander, wobei die männlichen Samen in den Eileiter dringen.

Das erste Ei ist gelegt

Die Vogelhochzeit findet mehrmals statt, ehe das Weibchen sein erstes Ei legt. Wahrscheinlich werden Sie es nicht sofort bemerken, denn das Weibchen bleibt nun fast ausschließlich im Nistkasten und kommt nur heraus, um zu essen und Kot abzusetzen. Vor der ersten Eiablage kann ein Weibchen den Eindruck erwecken, es sei krank. Häufig wird es ganz schlank, als habe es Angst. Manchmal stellt es zitternd die Flügel ab. Der Kot wird auffallend weich und in größeren Mengen abgesetzt.

Das Eierlegen ist für Wellensittichweibchen ungeheuer anstrengend. Wer Gelegenheit hatte, dieses Ereignis zu beobachten, weiß, wie mühselig sich das Weibchen danach auf einem Ast im Gleichgewicht hält. Es ist ganz dünn, hat die Flügel abgestellt, schwankt, zittert und beißt in die Luft, wohl um den Atem zu beruhigen. Nach ein paar Minuten hat es sich dann erholt. Kurz vor der Eiablage bemerkt man eine leichte Rundung am Unterbauch nahe der Kloake.

Auch Hochzeithalten muß man üben! Es ist gar nicht so leicht, dabei das Gleichgewicht nicht zu verlieren.

5 Tage altes Küken, fast nackt.

Das Küken ist etwa 12 Tage alt.

Deutlich erkennbarer Altersunterschied der 10 bis 16 Tage alten Küken.

Sitzt das Weibchen plötzlich außerhalb des Kastens auf dem Käfigboden und preßt mit dem Schwanz wippend vergeblich, muß man auf Legenot schließen. Sorgen Sie zunächst für gleichmäßige Wärme durch Infrarot-Bestrahlung und für ausreichende Luftfeuchtigkeit (→ Praxis Erste Hilfe, Seite 78). Kann das Weibchen das Ei nicht innerhalb von ein bis zwei Stunden legen, müssen Sie es auf schnellstem Wege zum Tierarzt bringen.

Doch meistens werden die Eier ohne Komplikationen gelegt. Bezwingen Sie Ihre Neugier und schauen Sie nicht gleich in den Nistkasten. In den ersten Tagen ist das Weibchen nämlich besonders empfindlich gegen Störungen aller Art, auch gegen Unruhe im Raum und laute Geräusche. Es könnte mit dem Verlassen des Kastens reagieren und keine weiteren Eier legen. Bleibt es aber in Brutstimmung, kommt jeden zweiten Tag ein weiteres Ei dazu, bis das Gelege vier bis sechs Eier zählt. Bei guter Fütterung kann das Weibchen sogar bis zu neun oder zehn Eier legen.

Wellensitticheier sind wie die Eier aller Höhlenbrüter reinweiß. Sie wiegen bei den gezüchteten Wellensittichen in der Regel bis zu 2,7 Gramm, bei den australischen freilebenden etwa 2 Gramm.

Wenn es Ihnen gelingt, in Abwesenheit des Weibchens in den Nistkasten zu schauen, so widerstehen Sie dem Wunsch, die Eier zu berühren, auch wenn sie verschmutzt sind. Die Eier sind nämlich von einer wachsähnlichen Schicht umgeben, die den Embryo vor Infektionen schützt und die es zu erhalten gilt.

Mit Brüten beschäftigt

Viele Wellensittichweibchen beginnen vom ersten Ei an mit dem Brüten. Sie sitzen dann Tag und Nacht fest auf den Eiern und verlassen ihr Gelege nur mehr, um sich zu entleeren. Ein brütendes Weibchen setzt nur noch vier- bis fünfmal täglich Kot ab, also nicht mehr alle 12 bis 15 Minuten. Die Kotbällchen nehmen dafür beachtlich an Größe und Gewicht zu. Kommt es nach der kurzen Abwesenheit in den Kasten zurück, kontrolliert es über den Brutfleck (→ Lexikon, Seite 124), einer kleinen, fast federlosen Stelle am Bauch, das Gelege. In regelmäßigen Abständen bringt das Weibchen die Eier, die in der Mitte der Nistmulde liegen, nach außen und rollt die äußeren zur Mitte. So werden die Eier gewendet, und jedes kommt einmal in den Genuß der optimalen Wärme im Zentrum des Nestes. Jedes Ei muß durchschnittlich 18 Tage lang bebrütet werden. Beginnt das Weibchen erst nach dem zweiten Ei mit der Brut, wird das erste Küken nach 20 Tagen schlüpfen, brütet es schon vom ersten Ei an, schlüpft das erste Junge nach 18 Tagen. Danach schlüpft gemäß der Eiablage jeden zweiten Tag ein weiteres.

Während der ganzen Zeit füttert das Männchen sein Weibchen durch das Einschlupfloch, zu dem es seine Gefährtin durch besondere Laute lockt. Wenn es nicht füttert, bleibt es stets in der Nähe des Nistkastens und hält Wache. Manche Männchen dürfen sogar während des Brütens im Kasten sein und kuscheln sich dann dicht neben das Weibchen.

Sind die Eier befruchtet?

Nicht jedes Ei in der Nistmulde muß befruchtet sein. Jungen Paaren gelingt das Befruchten nicht immer. Unzulänglich ernährte Wellensittiche legen bisweilen ebenfalls »Klareier«, wie der Züchter unbefruchtete Eier nennt. Nach dem sechsten Bruttag können Sie prüfen, ob die Eier befruchtet sind, indem Sie diese gegen eine hell strahlende Taschenlampe halten. Befruchtete Eier erkennen Sie am dunkel erscheinenden Brutkern und an feinen hellroten Äderchen, die das Ei durchziehen. Unbefruchtete Eier sind dagegen klar, durchsichtig. Lassen Sie diese Eier aber im Nest, das Entfernen könnte das Weibchen irritieren. Nur wenn das Gelege mehr als sechs Eier umfaßt, dürfte ein unbefruchtetes Ei und nach einigen Tagen noch ein weiteres entnommen werden.

Neues Leben regt sich

Nach etwa 18 Tagen Brut hat sich der Embryo zum lebensfähigen Küken entwickelt. Die Nährstoffvorräte im Ei sind dann verbraucht. Auf dem Oberschnabel des kleinen Vogels hat sich ein dornartiges Gebilde entwickelt, der sogenannte Eizahn. Mit seiner Hilfe befreit sich das Küken aus der Eischale. Schon 24 Stunden, bevor ihm das gelingt, kündigt es sein Erscheinen durch piepsende Töne und Kratzen an. Es dreht sich Millimeter für Millimeter um die eigene Achse und perforiert dabei mit dem Eizahn die Eischale. Das sich bewegende Ei erregt die Aufmerksamkeit der Vogelmutter. Sie prüft wiederholt alle ihre Eier, tastet mit der Zunge die Schalen ab und verweilt bei eben jenem Ei, in dem sich Leben regt. In unermüdlichem Bestreben sprengen die meisten Küken durch Streckbewegungen die Eischale entlang der perforierten Linie. Aus dem Schalenteil, in dem sie noch stecken, befreien sie sich mit Hilfe ihrer Flügelchen und Beinchen und suchen sogleich die Wärme des mütterlichen Gefieders. Nicht alle Küken sind kräftig genug, um sich ohne Hilfe aus dem Ei zu befreien. Die Eihaut kann zu trocken geworden sein und am Küken kleben, oder es kann zu lange dauern, ehe

Mit etwa 18 Tagen zeigt das Küken schon Farbe.

durch Risse und Löcher in der Schale dem Küken Sauerstoff zugeführt wird. Greift die Wellensittichmutter dann nicht ein, ist das Küken verloren. Die Weibchen sind jedoch von Natur aus auf Hilfe beim Schlüpfvorgang programmiert. Sie haben nämlich ein angeborenes Verlangen nach der Eihaut. Das Weibchen faßt mit dem Schnabel in das vom Küken gepickte Loch und bricht Stückchen für Stückchen aus der Eischale, was dem Küken Luft und schließlich die Befreiung bringt, der Muller aber den Genuß der Eihaut. Die Schalenstücke trägt das Weibchen in eine von der Nistmulde entfernte Ecke des Kastens oder gänzlich hinaus, denn die noch unbefiederten Nestlinge könnten sich daran verletzen. Manchmal läßt das Weibchen die Schale aber auch zu lange liegen. Bei der Nestkontrolle sollten Sie deshalb die im Kasten befindlichen Schalenreste entfernen.

Die Küken werden gefüttert

Schon bald nachdem das Küken sich von der großen Anstrengung des Schlüpfens erholt und unter dem Gefieder der Mutter erwärmt hat, meldet es seinen Hunger durch Strampeln und Piepsen an. Die Mutter drückt dann ihren Schnabel so stark gegen den des Kükens, bis es sich auf den Rücken legt und sein Schnabel senkrecht nach oben schaut. Die jüngsten Küken bekommen ein nährstoffreiches Sekret aus einer Drüse im Vormagen. Vom dritten Tag an wird dem Sekret bereits vorverdaute Nahrung aus dem Kropf beigemischt. Die Wellensittichmutter führt zur Fütterung ihren Schnabel rechtwinklig über den des Kükens. Durch schnelles Kopfvibrieren und durch den Schub

der Zunge gleiten die Körner im schleimigen Speichel wie auf einem Schüttelband in den kleinen Schnabel des Kükens.

In den ersten Lebenstagen werden die Kleinen immer auf dem Rücken liegend gefüttert und zwar nachts ebenso häufig wie tagsüber. Während der Nacht sollten Sie deshalb im Brutraum ein schwaches Licht brennen lassen, damit sich das Weibchen immer orientieren kann. Sind erst mehrere Küken im Nest, liegen sie im Knäuel übereinander; das jüngste zuunterst, das älteste zuoberst. Die Kleinsten werden von der Vogelmutter nur mit Nahrung versorgt, wenn sie betteln, während sie die größeren Küken ohne besondere Aufforderung in regelmäßigen Abständen füttert. Mit zunehmendem Alter der Küken verändert sich auch das Fütterungsverhalten des Weibchens. Nach etwa acht Lebenstagen werden die Jungen nachts kaum mehr gefüttert. Bereits nach vier bis sechs Tagen liegen sie bei der Fütterung nicht mehr ausschließlich auf dem Rücken, sondern setzen sich schon auf den Bürzel. Im Alter von zehn bis zwölf Tagen hält das Küken dann die gesamte Fütterung sitzend durch. Von da ab beteiligt sich auch der Vater am Füttern der älteren Kinder, vorausgesetzt das Weibchen läßt ihn in den Nistkasten. Selbst beginnt es wieder, Nahrung aus den Näpfen aufzunehmen.

Nestwärme und Geborgenheit

Da das Weibchen auch während der Nestlingszeit weitgehend vom Männchen mit Nahrung versorgt wird, braucht es das Nest nur selten zu

---

Vogelnachwuchs in Australien

Wellensittiche sind zwar an die extremen Klimabedingungen in Zentralaustralien gewöhnt, dennoch leiden die brütenden Weibchen unter den Temperaturen von über 40 °C im Schatten. Sie verlassen die Nester, in denen die Jungen träge dösen, um am Höhleneingang nach Luft zu schnappen, zu hecheln. Das schnelle Ein- und Ausatmen über die Rachenschleimhäute läßt Feuchtigkeit verdunsten und kühlt die Vögel ab, da sie nicht wie die Menschen schwitzen können.

---

verlassen. Es kann seine Küken ausgiebig hudern (Vermittlung von Wärme und Körperkontakt) und die Brut notfalls auch verteidigen. In den ersten Tagen ist das Hudern für das Wellensittichjunge von großer Bedeutung. Dieses hat nach dem Schlüpfen nämlich Schwierigkeiten, seine Körpertemperatur konstant zu halten. Klein und nackt, wie es ist, braucht es die Wärme der Mutter. Während der ersten Lebenstage hält sich das Weibchen fast ständig hudernd bei den Küken auf. Mit ausgebreiteten Flügeln bedeckt es sie völlig und spendet ihnen Wärme, bis die Federn sprießen. Erst wenn das jüngste Küken 16 Tage alt ist, hudert das Weibchen nicht mehr und verläßt den Nistkasten öfter.

Brüten mehrere Paare zusammen in einer Voliere, so wird die Wellensittichmutter ihre Brut immer heftig verteidigen. Schaut beispielsweise ein fremdes Weibchen durch das Schlupfloch, hackt die Mutter sofort nach dem Eindringling. Es kann sogar zu Kämpfen kommen, bei denen sich die Tiere verletzen. Das Verteidigen der Brut ist notwendig, um das Überleben der Küken zu sichern. Ein eindringendes Weibchen kann unter Umständen die gesamte Brut töten.

Ist im Nest alles in Ordnung?

Mindestens einmal täglich ist eine Kontrolle des Nestes Ihrerseits erforderlich – am besten, wenn das Weibchen gerade nicht im Kasten ist. Eines der Küken könnte gestorben sein. Es würde rasch verwesen und die Gesundheit der Geschwister gefährden. Es muß natürlich sofort entfernt werden. Außerdem sollten Sie sich davon überzeugen, daß sich alle Küken gut entwickeln, also wachsen, dicker werden und langsam Federchen bekommen. Tasten Sie vorsichtig die Kröpfe der Jungen ab. Sind diese stets leer, besteht die Gefahr, daß sie ungenügend gefüttert werden. Sie müßten dann dazufüttern oder die Küken mit der Hand aufziehen (→ Praxis Brut-, Aufzuchthilfe, Seite 93).

Die Küken gedeihen prächtig

Wellensittiche sind typische Nesthocker. Die Jungen sind nach dem Schlüpfen völlig nackt und sehen noch nicht. Ohne die Hilfe der Wellensittichmutter könnten sie nicht überleben – im Gegensatz zu Nestflüchtern wie den Hühnern, die sofort nach dem Schlüpfen der Mutter folgen und nach Futter suchen.

1. bis 5. Tag: Das Küken wiegt nach dem Schlüpfen 2 bis 2,7 Gramm, die Augen sind noch geschlossen. Es wird auf dem Rücken liegend gefüttert.

6. bis 8. Tag: Das Küken wiegt 12 bis 14 Gramm. Der Eizahn fällt ab.

7. Tag: Die Handschwingen beginnen zu wachsen.

8. Tag: Das Küken kann den Kopf aufrechthalten und etwas trippeln. Es wird nachts nur noch selten gefüttert.

9. Tag: Die Schwanzfedern beginnen zu wachsen. Die Augen öffnen sich. Es wird nun meist auf dem Bürzel sitzend gefüttert. Ist es satt, schreit es nicht mehr, sondern flüchtet unter den Flügel der Mutter.

12. Tag: Das Küken hat alle Daunenfedern und wiegt nun ungefähr 23 Gramm.

17. Tag: Das Junge wiegt bereits etwa 34 Gramm. Alle Federn wachsen, stecken aber noch in der Hülse.

21. Tag: Die ersten Federn entfalten sich und zeigen Farbe. Das Küken läuft im Kasten umher und bettelt um Futter.

28. Tag: Die Schwungfedern haben fast ihre endgültige Länge erreicht, nur die Schwanzfedern sind noch wesentlich kürzer als bei den Eltern.

28. bis 31. Tag: Die Nestlinge sind geschickt im Klettern, flattern mit den Flügeln und drängen aus der Nisthöhle. Sie wiegen jetzt etwa 37 Gramm.

32. bis 35. Tag: Die Nestlinge üben sich im Fliegen und Landen und versuchen Nahrung aufzunehmen, werden aber noch vom Vater gefüttert.

38. Tag: Das Gefieder ist voll ausgebildet, aber matter in den Farben als das der Eltern.

3. bis 4. Monat: Jugendmauser. Danach gleicht das Gefieder dem der erwachsenen Wellensittiche. Die Jungen sind geschlechtsreif.

6. bis 8. Monat: Die Jungen sind paarungsbereit und gehen eine feste Bindung ein.

Es will ihn aber genau untersuchen und klettert hinein.

Das Weibchen wirft einen Blick in den Nistkasten.

Der Fußring muß sein

Jeder Wellensittich muß den gesetzlich vorge-schriebenen Fußring tragen, der garantiert, daß der Vogel aus einer genehmigten und amts-ärztlich kontrollierten Zucht stammt. Sie sollten sich also rechtzeitig die Fußringe besorgen und den Küken im Alter von sechs oder sieben Ta-gen überstreifen (→ Praxis Brut-, Aufzucht-hilfe, Seite 93).
Ich empfehle geschlossene Metallringe, denn darin kann man die laufende Jahreszahl ein-stanzen lassen, worauf einige Interessenten an Jungvögeln großen Wert legen (→ Fragen an den Rechtsanwalt, Seite 94).

Wichtig: Nachdem das erste Küken beringt wurde, sollten Sie die Reaktion der Vogeleltern beobachten. Manche Wellensittiche sind gegen den Fremdkörper aggressiv und beißen nach dem Ring, wobei das Küken einen Fuß ein-büßen könnte. Sind nachteilige Reaktionen zu bemerken, so entfernen Sie den Ring sofort wieder und versehen alle Küken erst nach dem Selbständigwerden mit offenen amtlichen Metallringen (→ Fragen an den Rechtsanwalt, Seite 94).

Hygiene im Nistkasten

Manche Wellensittichweibchen schaffen Kot oder sonstigen Schmutz aus ihrem Nistkasten oder horten ihn in einer Ecke, so daß er leicht zu entfernen ist. Andere Weibchen kümmern sich überhaupt nicht um das verschmutzte Nest. Dann müssen Sie eingreifen.
Setzen Sie die Nestlinge vorsichtig in eine mit weichem, angewärmtem Papier ausgepolsterte Schachtel und säubern zunächst die Nist-mulde im Nistkasten. Dann geben Sie etwa 3 cm hoch Hamster- oder Katzenstreu als Nist-material in den Nistkasten (→ Praxis Brut-, Aufzuchthilfe, Seite 92). Die Füßchen und Ze-hen der Küken sollten Sie nötigenfalls täglich mit feuchtem, weichem Papier säubern, da sich durch verkrusteten Kot Mißbildungen er-geben könnten.

Es empfiehlt sich, den Kasten nach jeder Brut zu desinfizieren und äußerst sorgfältig mit heißem Wasser zu reinigen.

In ihrer australischen Heimat haben Wellensittichweibchen in der freien Natur mit der Nesthygiene keine Probleme. Das Weibchen selbst setzt seinen Kot weit entfernt vom Nest ab, um Feinde nicht auf die Höhle aufmerksam zu machen. Der Kot der Nestlinge trocknet im heißen Klima Australiens rasch ein. Außerdem nehmen Forscher an, daß sich auch im Wellensittichnest wie in anderen Sittichnestern die Larven von Kleinschmetterlingen vom Kot der jungen Vögel ernähren. Diese verblüffende Symbiose wurde in den Nistkammern des Goldschultersittichs nachgewiesen, der in Termitenbauten brütet. Die kleinen Raupen halten nicht nur das Nest frei von Exkrementen, sondern reinigen auch Füßchen und Federn der Vogeljungen. Da Papageien im allgemeinen keine Nesthygiene betreiben, ist es nur zu wahrscheinlich, daß derartige Symbiosen bei allen Arten existieren.

Die Jungvögel fliegen aus

Nachdem die Nestlinge etwa vier Wochen alt sind, werden Sie bemerken, daß immer öfter einer am Einschlupfloch erscheint und seine Umgebung betrachtet. Auch wird das Geräusch des Flügelschlagens hörbar. Züchter bezeichnen dies als »propellern«. Die Jungvögel trainieren dabei die Flugmuskeln – Anzeichen dafür, daß sie bald das Nest verlassen wollen. Obgleich körperlich gut entwickelt und schon recht geschickt, müssen es die Jungen erst durch Üben zur Meisterschaft im Fliegen bringen. Flatternd kann sich ein soeben aus dem Nest gekommener Wellensittich bereits fortbewegen, wobei das Anvisieren eines Landeplatzes und sein Erreichen aber noch große Schwierigkeiten bereiten.

Mein Rat: Spannen Sie einige Hanfseile im Zimmer, stecken Sie Äste in Blumenerde, damit die jungen Vögel Landeplätze finden, die leicht zu bewältigen sind. Sie können auch Wände oder Möbel mit Schilfmatten verkleiden. Obwohl die Jungen mit dem Verlassen des Nestes nun flugfähig und selbständig sind, werden sie noch zwei bis drei Wochen vom Wellensittichvater gefüttert, bis sie ihre Nahrung komplett selbst aufnehmen. Sie können diesen

Scheint in Ordnung zu sein.

Prozeß unterstützen, indem Sie zerquetschte Körner auf den Boden streuen und in Näpfchen so anbieten, daß die Jungen es leicht finden können. Die Jungvögel versuchen davon zu essen und lernen allmählich, die Körner zu entspelzen. Auch gekeimte Nahrung und Frischkost sollten Sie anbieten. Ebenso wichtig ist natürlich das täglich frische Trinkwasser. Nicht vergessen: Wenn Sie einen Vogel abgeben, so notieren Sie sich bitte die Adresse des Erwerbers und die Ringnummer des Vogels im amtlichen Nachweisbuch, wie es das Gesetz vorschreibt!

P·R·A·X·I·S Brut-, Aufzuchthilfe

Wenn Sie sich Wellensittich-Nachwuchs wünschen, müssen Sie Ihrem Pärchen einen Brutkasten zur Verfügung stellen, denn ohne diesen versucht ein Weibchen nur ganz selten zu brüten. Kommt es doch einmal vor, dann sucht das Weibchen vorher ein Versteck, beispielsweise in einer Schachtel, auf einem Schrank, hinter Büchern, oder läßt die Eier einfach auf den Boden des Käfigs fallen. Danach bleiben sie aber unbeachtet oder werden sogar zerstört.

1 | **Das Einschlupfloch ist groß genug.**

Der Nistkasten für Wellensittiche
Foto 1 und 2
Pro Brutpaar brauchen Sie einen Nistkasten. Bei Koloniebrut sollten Sie jedem Pärchen sogar zwei anbieten, denn die Auswahlmöglichkeit verhindert Streitigkeiten. Nistkästen können Sie im Zoofachhandel kaufen, aber auch selbst bauen.

Format: Ideal ist ein Nistkasten im Querformat mit 25 cm Länge, 15 cm Tiefe und 15 cm Höhe.
Material: Der Boden des Nistkastens sollte möglichst aus Hartholz bestehen, die Seitenwände aus 1 bis 2 cm dickem, gewachsenem Holz oder 0,5 bis 1 cm dickem Sperrholz. Fichten- oder Kiefernholz ist am besten geeignet, da es die Feuchtigkeit reguliert. Spanplatten eignen sich nicht, da sie chemische Stoffe enthalten, die den Vögeln schaden können.

2 | **Auf der Sitzstange wird gefüttert.**

Ausstattung: Das Einschlupfloch (→ Foto 1) sollte einen Durchmesser von 5 cm haben und seitlich der Nistmulde liegen, damit das Weibchen beim Hineinschlüpfen in den Kasten nicht auf das Gelege hüpft. Über das Schlupfloch wird das Weibchen während der gesamten Brutzeit vom Männchen gefüttert. Deshalb muß unter dem Schlupfloch außen eine Sitzstange angebracht

werden (→ Foto 2). Im Inneren eine flache Nistmulde einarbeiten, 8 bis 10 cm im Durchmesser und etwa 2 cm abfallend. Der Kastendeckel sollte sich aufgeklappt arretieren lassen, um Nestkontrolle und Reinigung zu erleichtern.
Standort: Den Nistkasten am besten außen am Käfig installieren, da er im Inneren zuviel Platz beansprucht. Dazu die Gitterstäbe einer Käfigseite in Größe des Einschlupfloches herausschneiden und den Kasten sicher am Käfig befestigen. Das Loch im Gitter nach der Brut wieder durch verzinkten Draht schließen. Der Nistkasten kann auch neben dem Käfig an die Wand gehängt werden.
Brüten in der Voliere: Die Kästen in der Voliere nicht zu dicht hängen, damit keine Streitigkeiten unter den Weibchen entstehen. Ein Abstand von 1,5 m ist ideal. Bringen Sie alle Kästen in gleicher Höhe an, die höchsten sind nämlich immer die begehrtesten.

Nistmaterial
Foto 4
In ihrer australischen Heimat brüten Wellensittiche in Baumlöchern und -höhlen, in denen sie kein Nest bauen, sondern mit der kargen Umgebung vorliebnehmen. Sie müssen Ihren Vögeln daher kein Nistmaterial anbieten. Erst nach dem Schlüpfen der Küken den Boden des Nistkastens aus hygienischen Gründen etwa 3 cm hoch mit Hamstereinstreu oder Katzenstreu mit Holzspänen, jedoch keinesfalls mit Sägespänen bedecken.

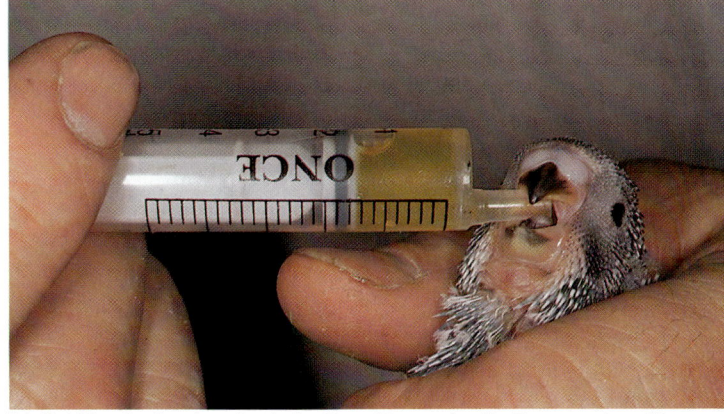

3 | Bei Handaufzucht oder beim Dazufüttern ist die Futterspritze für kleine Küken hilfreich. Der gefüllte Kropf läßt sich gut fühlen.

Das Beringen der Jungen

Den etwa 7 Tage alten Küken sollten Sie den gesetzlich vorgeschriebenen Fußring folgendermaßen überstreifen:

• Das Küken lose in der Hand halten und mit Daumen und Zeigefinger ein Füßchen wegstrecken. Den Ring über die drei längsten Zehen streifen.

• Den Ring so weit nach oben führen, bis er, dicht an den Fuß gedrückt, die letzte Zehe freigibt.

• Den Ring dann loslassen, alle Zehen sind nun unterhalb des Fußrings.

Dazufüttern/Handaufzucht

Foto 3

Bei der täglichen Nestkontrolle befühlen Sie mit sanftem Druck den Kropf aller Nestlinge. Bemerken Sie wiederholt Küken mit leerem Kropf, die sich zudem nicht entsprechend entwickeln, füttern die Vogeleltern zu wenig.

Dazufüttern: Die Kleinen dann bis zum 14. Tag mit Hilfe einer Futterspritze aus dem Zoofachhandel, danach mit einem kleinen Löffel zusätzlich mit Aufzuchtfutter (→ Seite 101) füttern. Hierfür ein Küken nach dem anderen aus dem Nistkasten nehmen, auf weiches Papier setzen, füttern, mit einem feuchtwarmen Papiertuch reinigen und in den Kasten zurückgeben.

Handaufzucht ist nötig, wenn die Eltern die Jungen gar nicht füttern. Dazu die Jungen von den Eltern trennen, wobei auf gleichbleibende Temperatur und konstante Luftfeuchtigkeit für die Küken geachtet werden muß.

Nahrung: Gemisch aus
• 50 % Milupa 7-Korn (Drogerie),
• 50 % geschrotetes Sechskorngemisch (Reformhaus),
• eine Messerspitze »Osspulvit« (Zoofachhandel),
• 3 Tropfen Multivitaminpräparat (Zoofachhandel).

Der Zoofachhandel bietet auch Aufzuchtfuttermischungen an.

Fütterzeiten: Bis zum 8. Lebenstag alle 2 Stunden, auch nachts. Ab dem 9. Tag alle 3 Stunden, ab dem 14. Tag alle 4 Stunden jeweils von 6 bis 24 Uhr. Das Futter zweimal täglich frisch zubereiten und zwischen den Fütterzeiten im Kühlschrank aufbewahren. Vor dem Füttern die benötigte Portion im Flaschenwärmer für Babies auf 36 °C erwärmen.

Die richtige Menge: Bei zweistündigem Rhythmus jedem Küken etwa einen Eßlöffel mit Nahrung geben, bei dreistündigem Rhythmus zwei Eßlöffel, bei vierstündigem Abstand soviel geben, wie angenommen wird. Die Küken täglich einmal wiegen und die Gewichtszunahme notieren. Nimmt ein Küken nicht kontinuierlich zu, bekommt es zu wenig Nahrung.

4 | Typisch für fast flügge Jungvögel: Wenn sie ängstlich sind, drücken sie sich fest in eine Ecke des Brutkastens.

F·R·A·G·E·N an den Rechtsanwalt

So mancher Wellensittichhalter hat ein brütendes Pärchen in seinem Wohnzimmer, aber nie bedacht, daß er ohne Zuchtgenehmigung gegen das Recht verstößt. Doch auch andere Rechtsfragen ergeben sich durch die Haltung von Wellensittichen. Einige sehr häufig gestellte Fragen beantwortet Rechtsanwalt Reinhard Hahn hier.

Zwei Jungvögel kuscheln sich aneinander.

»Weshalb müssen Wellensittiche Fußringe tragen? Wo bekomme ich sie?«

Die Pflicht, alle Papageienvögel mit amtlichen Fußringen zu versehen, geht aus dem Tierseuchengesetz hervor und dient der Bekämpfung der Ornithose (Papageienkrankheit, → Lexikon, Seite 132). Tritt ein Fall von Ornithose auf, so läßt sich über den Fußring der Züchter ermitteln und gegebenenfalls sein Vogelbestand behandeln. Die Fußringe sowie das vorgeschriebenen Nachweisbuch bekommen Sie unter Vorlage der Zuchtgenehmigung bei der Wirtschaftsgemeinschaft Zoologischer Fachbetriebe, Ringstelle, Postfach 1420, 63204 Langen. Von dieser Stelle erhalten Sie offenen Metallringe, in welche die Nummer eingestanzt ist. Züchterverbände dürfen hingegen nur geschlossene Metallfußringe abgeben, die mit Nummer und laufender Jahreszahl versehen sind. Käufer bevorzugen diese Ringe, weil das Geburtsjahr des Vogels daraus hervorgeht. Mit Bußgeld müssen Geber und Erwerber rechnen, wenn die Fußringe direkt beim Züchter oder im Zoofachhandel besorgt wurden, weil im Nachweisfall die Herkunft des Vogels nicht im zuständigen Nachweisbuch bestätigt ist.

»Mein Pärchen hat drei Küken im Nest. Ich habe keine Zuchtgenehmigung.«

Melden Sie Ihr Züchterglück oder -mißgeschick sofort dem zuständigen Amtstierarzt. Er wird Ihre Vögel begutachten. Liegt kein Verdacht auf Ornithose (→ Papageienkrankheit, Lexikon, Seite 132) vor, wird er Ihnen höchstwahrscheinlich eine Ausnahmegenehmigung erteilen. Mit der Genehmigung können Sie sofort die erforderlichen Fußringe und das amtliche Nachweisbuch anfordern, ohne die Sie keinen der Vögel weitergeben dürfen. Im Nachweisbuch registrieren Sie die Zuchtpaare, die Jungvögel, die Ringnummern und später die Erwerber der Vögel.

»Muß man auch für eine einzige Brut eine Genehmigung haben?«

Ohne Zuchtgenehmigung ist jegliche Brut und Weitergabe von Papageienvögeln verboten. Das schreibt das Tierseuchengesetz (§ 17 g) vor, das der Bekämpfung der Ornithose (Papageienkrankheit, → Lexikon, Seite 132) dient. Auch für nur eine Brut müssen Sie die Genehmigung mit einem polizeilichen Führungszeugnis beim zuständigen Ordnungsamt anfordern und darlegen, um welche Vogelart es sich bei der beabsichtigten Zucht handelt. Da Wellensittiche nicht dem Washingtoner Artenschutzabkommen (WA) unterliegen, das dem Schutz der weltweit bedrohten Tier- und Pflanzenwelt dient, ist die Zuchtgenehmigung in der Regel leicht zu bekommen, nachdem der Amtstierarzt den Gesundheitszustand Ihrer Vögel und den vorgesehenen Zuchtraum überprüft hat. Von ihm erhalten Sie dann die Zuchtgenehmigung.

»Mein Mietvertrag verbietet Tierhaltung. Muß ich mein Pärchen abgeben?«

Nach einem Urteil des Amtsgerichtes Aachen (Az.: 6 C 500/88) dürfen Zwergkaninchen, Hamster, Meerschweinchen, Zierfische und geräuscharme Ziervögel auch ohne Erlaubnis des Vermieters gehalten werden. Und Wellensittiche zählen zu den geräuscharmen Ziervögeln. Allerdings gibt es keine Anhaltspunkte, ab welcher Anzahl ein Richter Wellensittiche als störend einstufen wird. Doch ist die allgemeine Rechtsmeinung der Ansicht, daß vier Wellensittiche unbedenklich sind. Anders verhält es sich, wenn in der Wohnung eine regelrechte Zucht mit mehreren Brutpaaren betrieben wird. Die Erlaubnis des Vermieters ist dann nötig.

Was Kinder fragen: »Kann ich meinen Wellensittich in den Ferien in ein anderes Land mitnehmen?« (Frage eines elfjährigen Mädchens.)

Davon ist abzuraten, weil der Vogel unter Umständen bereits im Ferienland in Quarantäne muß. Auf alle Fälle steht ihm bei der Wiedereinreise eine sechswöchige Quarantäne bevor.

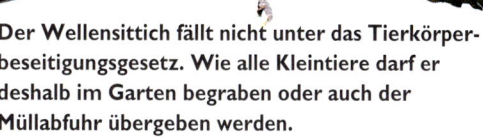

Der Wellensittich fällt nicht unter das Tierkörperbeseitigungsgesetz. Wie alle Kleintiere darf er deshalb im Garten begraben oder auch der Müllabfuhr übergeben werden.

Wellensittiche züchten

Es kommt immer wieder vor, daß ein Wellensittichpärchen zur Brut schreitet, ohne daß dies von seinem Besitzer beabsichtigt worden ist. Auf diese Art und Weise ist schon aus so manchem Tierfreund ein begeisterter Züchter geworden. Obwohl Wellensittiche nicht unbedingt eine besondere Betreuung brauchen, um sich fortzupflanzen, sollte der Züchter doch Grundkenntnisse über die Wellensittichzucht besitzen, wenn ihm das Wohlergehen seiner Vögel am Herzen liegt. Er muß sich auch von vornherein überlegen, wie es mit dem Absatz der Jungvögel steht. Wer einige Jahre Wellensittiche gezüchtet hat, wird sich dann vermutlich auch mit dem Ausstellen seiner Wellensittiche befassen.

Unterbringung der Brutpaare

Bevor Vogelpaare zur Brut schreiten können, müssen Sie als erstes einen Zuchtraum schaffen, in dem die Paare ungestört brüten können. Vier Möglichkeiten bieten sich an.
Die Zimmervoliere in den Maßen von 120 x 100 x 180 cm bietet Raum für zwei Paare. Zimmervolieren oder auch Volierenteile zum Selbstbau sind über den Zoofachhandel zu beziehen.

Das Vogelzimmer kann je nach Größe Brutraum für vier bis sechs Paare sein. Allerdings müssen Sie das Zimmer absolut »vogelsicher« gestalten (→ Seite 41) und für einen leicht zu reinigenden Fliesen- oder Betonboden sorgen.
In einer Freivoliere mit heizbarem Schutzraum können Sie einen kleinen Schwarm brüten und ganzjährig leben lassen, was der natürlichen Neigung des Wellensittichs zur Koloniebrut am nächsten kommt.
In einem Vogelzimmer oder einer Voliere sollte pro Vogel am besten ein Quadratmeter Raum vorgesehen sein. So vermeiden Sie eine Überbesetzung, die Streß und Streit unter den Vögeln verursachen kann.
Wichtig: Für den Bau einer Freivoliere mit Schutzhaus sind behördliche Genehmigungen sowie das Einverständnis Ihrer Nachbarn nötig. Der Bau ist nicht billig und sollte gründlich geplant werden. Setzen Sie sich mit Züchtern oder Zuchtverbänden in Verbindung, um von deren Erfahrungen zu profitieren, und informieren Sie sich in Fachbüchern (→ Seite 140).
Spezielle Brutkäfige in unterschiedlichen Maßen werden von manchen Züchtern bevorzugt, da sie stapelbar in verhältnismäßig kleinen Räu-

Wer sich so hingebungsvoll füttern läßt, wird sich auch am Hochzeitstag nicht lange zieren.

Bei Wellensittichen gehört das Füttern des Weibchens nicht nur zur Balz, sondern dient auch der Festigung der Paarbindung. Ist das Männchen krank, so füttert mitunter das Weibchen seinen Partner.

Das blaue Männchen ist ganz verliebt.

Doch das gelbe Weibchen ziert sich noch kokett.

men unterzubringen sind. Ich lehne allerdings die Zuchtboxen oder Brutkäfige ab, in denen Wellensittiche während Brut und Jungen-Aufzucht wochenlang ohne jegliche Flugmöglichkeiten bleiben müssen.

<u>Wichtig:</u> Bei der Zucht in Brutkäfigen müssen Sie für die flüggen Jungvögel und deren Eltern nach dem Ende der Brut einen ausreichend großen Flugraum zur Verfügung halten.

Über die Beschaffung der nötigen Teile oder Käfige informieren Sie sich am besten im Zoofachhandel. Denken Sie bei der Planung jedoch immer daran, daß Zuchtpaare bei ihrer anstrengenden Tätigkeit nicht durch beengten Lebensraum geschädigt werden sollten.

Nistkästen anbringen

In den speziellen Brutkäfigen oder -boxen sind die Nistkästen bereits eingebaut. Für die Zimmervoliere, das Vogelzimmer oder das Schutzhaus der Freivoliere brauchen Sie jedoch Nistkästen und zwar pro Pärchen mindestens zwei; denn bei der Wahl des Nistkastens sind die Weibchen sehr wählerisch. Es kommt leicht zu ernsthaften Streitigkeiten, wenn sich zwei Weibchen denselben Kasten ausgesucht haben. Stehen dagegen mehrere Kästen zur Verfügung, kann das unterlegene Weibchen immer noch zwischen mehreren wählen, was es friedlich stimmt. Nistkästen können Sie im Zoofachhandel kaufen oder selbst anfertigen. Als günstig haben sich solche im Format von 25 cm Länge, 15 cm Tiefe und 15 cm Höhe erwiesen, welche die Anwesenheit von beiden Eltern und maximal fünf Küken im Kasten erlauben (→ Praxis Brut- und Aufzuchthilfe, Seite 92). Bei Koloniebrut in der Freivoliere werden die Nistkästen im Schutzhaus angebracht, weil die Nestlinge dort am besten vor Witterungseinflüssen geschützt sind. Haben die Weibchen mit der Brut begonnen und sitzen fest auf ihren Eiern, können die nicht bezogenen Kästen herausgenommen werden.

<u>Wichtig:</u> Achten Sie immer darauf, daß im Vogelzimmer oder in der Voliere keine unverpaarten Wellensittiche bleiben. Die Einzelgänger können stören, indem sie brütende Weibchen durch Balzhandlungen irritieren und von deren Männchen als Konkurrenten angegriffen werden. Einzelne Weibchen versuchen mitunter das Gelege brütender Vögel zu zerstören und töten manchmal sogar Nestlinge.

Was den Bruterfolg fördert

• Frische, leicht zirkulierende Luft im Brutraum, jedoch ohne den geringsten Luftzug.
• Konstante Raumtemperatur von 15 bis 18 °C.
• Luftfeuchtigkeit von 60 %; Luftbefeuchter aufstellen, Nistkästen nicht in der Nähe von Heizkörpern aufhängen; bei heißem, trockenem Wetter die Kästen täglich mit der Wassersprühflasche besprengen.
• Möglichst lange Tageslicht mit zeitweiliger Sonneneinstrahlung, am besten durch offene, vergitterte Fenster.
• Bei Kälteeinbrüchen am äußeren Boden der Nistkästen leichte Heizfolien anbringen.
• Können die Brutpaare akustischen Kontakt untereinander halten und sich eventuell auch sehen, steigert dies die Brutbereitschaft.

Zur Zucht geeignete Wellensittiche

Die Wellensittiche, mit denen Sie züchten möchten, müssen jung und gesund sein, was Sie unter anderem am lebhaften Wesen und an der intensiv blauen oder rosa Wachshaut der Männchen, der beigen der Weibchen erkennen. Die Vögel dürfen keine auffälligen Schwächen zeigen wie Nervosität, übermäßige Ängstlichkeit oder extreme Aggressivität. Sie müssen gut fliegen und klettern können, ihre Stimme für arttypische Lautäußerungen gebrauchen und ihr lückenloses Gefieder pflegen. Die für die Zucht ausgewählten Wellensittiche sollten – obwohl sie bereits nach wenigen Monaten geschlechtsreif sind – 10 bis 12 Monate alt sein, bevor Sie sie brüten lassen, denn dann sind sie ausgewachsen und kräftig genug, die anstrengende Brutperiode erfolgreich durchzuhalten. Die Brutpaare sollten aus unterschiedlichen Zuchten stammen, also genetisch verschieden sein, um eine Inzucht auszuschließen.

Partnerwahl

Wellensittichpaare verstehen sich nach einer gewissen Eingewöhnungsphase in der Regel sehr gut. Wer bereits eine Wellensittich-Schar in einer Voliere hält und sie beobachtet, erkennt rasch, welches Männchen sich für welches Weibchen interessiert. Es geht dabei nicht um »Liebe auf den ersten Blick«, sondern darum, den Partner zu wählen, der Fortpflanzung und Aufzucht am sichersten gewährleistet. Ein

Wie werden wohl die Kinder farblich aussehen?

harmonierendes Paar ist sich in der Regel »treu«. Ausnahmen sind jedoch nicht selten. Domestizierte Wellensittiche neigen leider zur Untreue.

Gibt es ein bestimmtes Zuchtziel, hält man nur solche Vögel in einem Raum, die alle Voraussetzungen zum Erreichen dieses Ziels erfüllen (→ Seite 103 und 104). Finden sich im gewünschten Zeitraum keine festen Paare zusammen, wählen Sie jeweils ein Männchen und ein Weibchen aus und setzen jedes Paar in einen eigenen Käfig. Beobachten Sie das Verhalten der Vögel sorgfältig, denn ein ständig streitendes Paar wird kaum zu brüten beginnen. Manchmal dauert es nur ein paar Tage, bis Zwistigkeiten in Zuneigung umschlagen. Bleibt jedoch die Disharmonie bestehen, kann ein anderes Männchen vielleicht dem Weibchen imponieren. Das verschmähte Männchen wird das meist kampflos hinnehmen und sich gern einem

Zimt Hellgrün (Männchen)

Drei besonders schöne Farbschläge (→ unten links).

Aufgehellt Gelb (Männchen)

**Zum Foto oben rechts
oben: Regenbogen, links: Zimt
Hellflügel Dunkelbau, rechts:
Rezessive Schecke Olivgrün.**

Hellflügel GG Dunkelblau (Weibchen)

neuen Weibchen zuwenden, gibt man ihm nur die Gelegenheit dazu. Zwei Weibchen würden dagegen um ein einziges Männchen blutig kämpfen. Harmonierende Paare dürfen Sie aus dem Einzelkäfig wieder in die Voliere oder ins Vogelzimmer entlassen.

Das häufige Beobachten der Vögel ist für den Züchter das wirksamste Mittel, um Störungen bei der Brut auszuschalten. Unverzüglich muß die Ursache jeder Auffälligkeit festgestellt und behoben werden.

Abhilfe bei Brutstörungen

• Manches Ei kann einen Riß oder ein kleines Loch bekommen. Solange die Eihaut unter der Schale unverletzt bleibt, kann man das Ei retten, indem ein Stückchen Eischale von einem zerbrochenen Ei mit etwas Hühnereiweiß oder Alleskleber auf die Schadstelle geklebt wird. Es ist wichtig, die Austrocknung durch vermehrte Luftzufuhr zu verhindern.

• Hat ein Küken Schwierigkeiten beim Schlüpfen, wird ihm in der Regel von der Mutter geholfen (→ Seite 87 und 88). Sind die Küken geschlüpft, kann es passieren, daß sie ungenügend oder gar nicht gefüttert werden. Dieser Ausnahmefall erfordert Ihr Eingreifen. Am besten versucht man ein Küken bis zum zwölften Lebenstag einem anderen Weibchen unterzuschieben, deren Nestlinge dem Alter der kleinen »Waise« entsprechen. Sind die Küken bereits älter, dann können Sie sie völlig von Hand aufziehen oder nur dazufüttern (→ Praxis Brut-, Aufzuchthilfe, Seite 93).

• Stirbt das Weibchen während der Jungenaufzucht, übernimmt es möglicherweise das Männchen, seine Kinder großzuziehen. Ansonsten können Sie auch hier eine »Amme«, das heißt ein Weibchen, das gerade Junge aufzieht, für Ihre »Waisen« suchen. Glücklicherweise nehmen Wellensittichweibchen fremde Junge an und pflegen sie meist wie ihre eigenen. Gelingt dies nicht, müssen Sie die Kleinen selbst von Hand aufziehen.

• Es hat sich bewährt, in den einzelnen Gelegen nicht mehr als fünf Eier zu lassen. Die Jungen entwickeln sich besser, und die Eltern sind weniger erschöpft. Überzählige Eier kennzeichnen Sie mit einem Fettstift und legen sie Paaren mit weniger Eiern unter.

Aufgehellt Weiß-Violett (Weibchen)

Tips für die Ernährung

Die Vögel verbrauchen, egal ob sie in der Voliere oder in Einzelkäfigen gehalten werden, bei der Brut viel Kraft und benötigen daher eine besonders sorgfältige, vielseitige Ernährung.

• Schon zwei Monate vor Brutbeginn können Sie die Vögel an eiweißreiches Aufzuchtfutter gewöhnen, das zweimal wöchentlich den Speiseplan ergänzen soll.

Im Zoofachhandel zum Beispiel die Präparate »Witte Molen« und »CeDe-Mix« kaufen, im Verhältnis 2 : 1 mischen und nach Anweisung auf den Packungen reichen.

• Sie können das Aufzuchtfutter nach folgenden Rezepten auch selbst zubereiten: Altbackenes Weißbrot – garantiert ohne Schimmelbelag – in Wasser einweichen, gut ausgedrückt im Verhältnis 1 : 1 mit hartgekochtem, gehacktem Eigelb mischen. Oder Magerquark mit dem Eigelb und mehlfein zerdrücktem Zwieback im Verhältnis 1 : 2 : 1 mischen. Ist der Brei zu dick, mit Karottensaft aus dem Reformhaus verdünnen. Sie können dem Brei auch generell kleingeriebene Karotten hinzufügen.

<u>Die richtige Portion:</u> Während der Aufzuchtzeit pro Vogel täglich einen Teelöffel voll reichen. Eiweißnahrung verdirbt rasch, deshalb nicht verzehrte Nahrung nach etwa zwei Stunden entfernen.

- Zum täglichen Nahrungsangebot müssen auch frisches Obst, bekömmliche Gemüsepflanzen (→ Seite 66) und gekeimte Samen gehören.
- Stets ausreichend frisches Trinkwasser während der Brut zur Verfügung stellen, da sich die Küken rasch entwickeln und daher einen hohen Flüssigkeitsbedarf haben, der über die Nahrung nicht allein gedeckt werden kann.
- Ist der Volierenboden nicht mit Vogelsand bestreut, Sand und Grit in Extranäpfen anbieten und für Kalksteine sorgen.

Spezielle Gesundheitsfürsorge

Leben mehrere Wellensittiche in einem Raum zusammen, ist die Gefahr einer gegenseitigen Ansteckung bei Krankheit groß. Volierenvögel picken am Boden und können dort leicht mit Wurmeiern, aber auch anderen Krankheitserregern in Berührung kommen. Gefahrenherde bilden auch der Kot freifliegender Singvögel und verunreinigtes Futter. Würmer schwächen und schädigen Vögel ungemein, geben den Weg für Erkrankungen frei, weshalb Sie als Vorsichtsmaßregel halbjährlich Kotproben von allen Vögeln dem Tierarzt zur Kontrolle bringen sollten, damit Sie nötigenfalls eine von ihm verschriebene Wurmkur oder andere Maßnahmen durchführen können.

Werden ältere Brutpaare zur Blutauffrischung der Zucht durch junge Wellensittiche aus anderen Zuchten ersetzt, so halten Sie die neuen Vögel 10 Tage lang in Einzelkäfigen, bevor Sie sie zu den alteingesessenen lassen. So können Sie den Gesundheitszustand der Wellensittiche überprüfen und den Kot auf mögliche Erreger oder Parasiten untersuchen lassen.

Neue Vögel in den Bestand integrieren

Brüten Ihre Wellensittiche paarweise in Einzelkäfigen, entfällt das Problem der Integration. Möchten Sie allerdings Paare zu einer Volierenschar setzen, so bringen Sie die neuen Wellensittiche jeweils paarweise in Käfigen unter, die Sie in Augenhöhe in die Voliere hängen. Die jungen Vögel haben nun Gelegenheit, Umgebung und Artgenossen zu beobachten. Nach etwa drei Tagen darf die Käfigtür offen bleiben, das Paar kann nach Belieben ein- und ausfliegen. Meist ist es nach kurzer Zeit so vertraut mit der neuen Umgebung und von den Artgenossen akzeptiert, daß der Käfig entfernt werden kann.

Die Jungen verlassen das Nest

Im Abstand des Schlüpfens verlassen die flüggen Wellensittiche den Nistkasten und kehren meist nicht mehr in ihn zurück. Der Vater kümmert sich emsig um seine ausgeflogenen Kinder und füttert sie in der Regel weitere zwei Wochen, bis sie selbständig die komplette Nahrung aufnehmen. Danach sollten Sie alle Jungen der ersten Brut in einem gemeinsamen Flugraum unterbringen. Die Eltern beginnen oft sofort mit der zweiten Brut und wären durch die jungen Vögel gestört. Sind ein oder zwei der kleinsten Küken noch mit den ersten Eiern des nächsten Geleges im Nest, reagiert manches Weibchen aggressiv gegen diese Küken und rupft ihnen Federn aus. Hier ist wiederum Ihre Aufmerksamkeit gefordert. Holen Sie solche Küken aus dem Kasten und vertrauen Sie sie dem Vater an. Wenn sie noch zu klein sind, versuchen Sie die Küken einem anderen Paar unterzuschieben oder selbst großzuziehen.

Maßnahmen am Ende der Brut

Haben Ihre Vogelpaare zwei Bruten hinter sich, nehmen Sie alle Nistkästen heraus und übersiedeln die Vögel in einen gemeinsamen Flugraum, auch wenn in manchen Kästen noch Eier liegen. Wenn Sie nicht den Schlußpunkt der Brutperiode bestimmen, brüten die Wellensittiche bei den vorteilhaften Bedingungen in Züchterhand in einem fort und erschöpfen sich so restlos. Lassen Sie keinesfalls mehr als zwei Bruten im Jahr zu. Zwischen zwei Brutperioden sollten die Vögel unbedingt sechs Monate

Pause mit viel Flugmöglichkeiten in frischer Luft haben.

Nistkästen, Käfige, Volieren und Schutzhaus müssen nun gründlich gereinigt und desinfiziert werden (→ Praxis Pflege, Seite 58; Desinfektion → Lexikon, Seite 125).

Möchten Sie nur einen Teil der jungen Wellensittiche behalten, besteht die Möglichkeit, die restlichen Jungvögel an Ihren Zoofachhändler zu verkaufen. Geben Sie die überzähligen am besten ab, sobald sie selbständig Nahrung aufnehmen, also etwa 14 Tage, nachdem sie den Nistkasten verlassen haben. Sie sind dann »naturzahm«, wie Züchter dieses Stadium nennen.

Zuchtziele

In der Wellensittichzucht wird zwischen der Vermehrungszucht, der Schauwellensittichzucht und der Farbzucht unterschieden.

Für Wellensittichzüchter ohne einschlägige Erfahrungen empfiehlt sich zunächst die Vermehrungszucht. Die Vögel werden in erster Linie als Heimtiere für den Wellensittichliebhaber gezogen, der an einem munteren, farbenfrohen Tier interessiert ist und nicht primär auf die Größe oder Körperhaltung des Wellensittichs achtet.

Die Zucht von Schauvögeln verfolgt dagegen das Ziel, nach den Kriterien Englischer Schaustandard-Wellensittiche Vögel zu züchten, die auch auf Ausstellungen bewertet werden. Wer das anstrebt, sollte unbedingt Verbindung mit der Deutschen Standard-Wellensittich-Züchter-Vereinigung e. V. (= DSV, → Seite 140) aufnehmen, um zu erfahren, welchen Ansprüchen ein Schauvogel gerecht werden muß, und um die komplizierten Richtlinien der Bewertungen

kennenzulernen. Einen kleinen Vorgeschmack geben Ihnen die folgenden Punkte, auf die es unter anderem ankommt:

• Die minimale Körperlänge vom Scheitel bis zur Schwanzspitze beträgt 21,6 cm.

• Der Vogel besitzt eine sich zum Schwanz hin verjüngende Körperform mit geradem Rücken und tiefer, vorgewölbter Brust.

• Der Kopf ist groß, rund und breit, symmetrisch von jedem Blickpunkt aus betrachtet; die Kopfwölbung von der Nasenhaut beginnend, nach außen und oben in einem gleichmäßigen schwungvollen Bogen ansteigend.

• Der Schnabel muß gut im Gesicht »eingezogen« sein; Oberschnabel über den Unterschnabel reichend.

• Die Flügel müssen exakt über dem Bürzel liegen, die Enden dürfen sich nicht kreuzen. Die Länge vom Bug bis zum Ende der äußersten Handschwingen soll 9,5 cm messen.

• Der Schwanz bildet zusammen mit dem Rücken eine durchgehende Linie.

• Die Maske soll reinfarbig sein, tief und weit bis unterhalb der Kehle reichen und auf jeder Seite drei gleichgroße runde Kehltupfen in gleichmäßigem Abstand tragen.

• Die Haltung muß sicher und »natürlich« sein. Der Vogel soll furchtlos aufrecht auf der Stange sitzen und zur Senkrechten einen Winkel von 30° bilden.

• Die Zeichnung des Gefieders ist entsprechend den Musterbeschreibungen für die verschiedenen Farbschläge.

Zu alledem muß der Vogel rechtzeitig vor einer Ausstellung an den kleinen vorgeschriebenen

---

Nicht nur in Grün!

Die Züchtungen in Holland, Belgien, Frankreich und Deutschland brachten Wellensittiche hervor, deren Gefiederfarbe von der des grünen Wildvogels abwich. 1872 gab es die ersten gelben Wellensittiche in Belgien, 1875 die ersten in Deutschland. Die Zucht eines rein blauen Vogels gelang 1878. Die ersten Lutinos wurden in Europa 1880 gemeldet. In Toulouse züchtete man 1915 den ersten dunkelgrünen Wellensittich. 1917 wurde der erste weiße bekannt.

Schaukäfig mit nur zwei Sitzstangen gewöhnt werden.

In Fachkreisen gelten die extrem großen Schauvögel als »edel« gegenüber den freilebenden Wellensittichen in Australien! Damit alle ihre angezüchteten, edlen Erscheinungsmerkmale auf der Ausstellung gut zur Geltung kommen, werden die Vögel teilweise zuvor mit dem Rasierpinsel gewaschen und eigens frisiert. Dies ist allerdings nur bei hellen Farbschlägen erforderlich.

Die Farbzucht wird von dem Ziel beherrscht, Wellensittiche in Farben von vollkommener Reinheit mit perfekten Zeichnungen zu züchten. Wahrscheinlich wird sich ein Züchter auf einige bevorzugte Farbschläge und Zeichnungen beschränken, denn es gibt ungefähr 80 reine Farbschläge, und dazu kommen noch die Varietäten der Zeichnungen.

Nach allem bisher Erwähnten wird klar, daß die Zucht kein Kinderspiel ist. Es gehört viel Liebe zum Wellensittich und Verantwortungsbewußtsein dazu, denn nach meiner Ansicht haben züchterische Übertreibungen schon »Ungeheuer« geschaffen wie den Federputzer, der sein Großgefieder wie gewellte Schleppen trägt und selten das erste Lebensjahr erreicht. Bereits Schaustandard-Wellensittiche, die wesentlich größer und schwerer als normale Wellensittiche sind (normal heißt, in Größe, Körperform und Farbe dem Wildvogel ähnlich), sowie Vögel mit extrem abweichenden Gefiederfarben, sind anfälliger für Erkrankungen und neigen zum Dickwerden, da sie meist nur schwerfällig fliegen können. Bedenkt man, welch außerordentlich schwierige Lebensbedingungen Wellensittiche seit Tausenden von Jahren im australischen Busch meistern und trotz wiederholter katastrophaler Naturereignisse überlebten, sollte man als Züchter mit diesen zauberhaften Geschöpfen sehr sorgfältig umgehen. Ein kleiner Ausschnitt aus dem Bericht einer Australienreise des bekannten Ornithologen Dr. Hans Strunden führt dies nochmals vor Augen:

»Wir konnten Hunderte von Wellensittichen bestaunen. Und ich glaube, wer einmal vor so einem gewaltigen, dichtbelaubten, von oben bis unten zwitscherndem Wellensittichbaum gestanden hat, um nach kurzer Zeit des Einsehens mehr und mehr der kleinen grünen Kobolde zu entdecken, wie sie geschäftig im Gezweig umherturnen, aus Astlöchern schauen, herausklettern oder hurtig darin verschwinden, der wird sich kaum mehr dafür erwärmen können, daß Menschen mit ihrem ›Verstand‹ und dem Wissen der Mendelschen Vererbungslehren aus solchen munteren Zwergen wahre Monster hervorbringen und sich nicht scheuen, sie in enge Kisten gepfercht auf Ausstellungen vorzuführen und dann auch noch allen Ernstes von Preisrichtern bewerten zu lassen.«

Zuchtbuch führen

Unabhängig vom Zuchtziel ist die Führung eines Zuchtbuches von Nutzen. Sie sollten notieren, welches Weibchen wann ein Ei legt, aus wievielen Eiern ein Gelege besteht, wieviele der Eier befruchtet sind, wann das Weibchen zu brüten beginnt, wann jedes Küken schlüpft und wann es schließlich beringt wird. Später können Sie die Eintragungen noch durch die Angabe des Geschlechtes und der Farbe der Vögel ergänzen. Bei Handaufzucht halten Sie auch die tägliche Gewichtszunahme der Küken fest. Wenn Sie befruchtete Eier aus einem großen Gelege von mehr als fünf Eiern einem Paar mit nur drei oder vier Eiern unterschieben, muß das fremde Ei mit einem Filzstift gekennzeichnet und vermerkt werden, als wievieltes das fremde Küken schlüpft. Wer das Zuchtbuch nicht im Brutraum führen möchte, macht alle Notizen zunächst auf kleine Karteikarten und überträgt sie später ins Zuchtbuch.

Einführung in die Vererbung

Eine erfolgreiche Wellensittichzucht hängt von verschiedenen Faktoren ab. Wichtig sind richtige Haltung, Fütterung, Pflege und entsprechende Behandlung bei Krankheiten, aber auch die Kenntnis der genetischen Zusammenhänge. Um bestimmte Zuchtziele zu erreichen, muß der Züchter wissen, welche Farbschläge er verpaaren kann. Die Spielregeln der Vererbung sind nicht ganz einfach zu durchschauen, und ich kann Ihnen hier auch nur die Grundprinzipien vermitteln. Wer sich intensiver mit der Materie befassen möchte, der sei auf die entsprechende Fachliteratur verwiesen (→ Bücher, die weiterhelfen, Seite 140).

Gene und Chromosomen

Die Wellensitticheltern geben Erbanlagen in Form von Genen an ihre Jungen weiter. Die Gene sitzen paarweise auf den Chromosomen, den Erbträgern, im Zellkern einer Zelle. Sie bestimmen die Ausbildung der Merkmale des Wellensittichs wie beispielsweise die Gefiederfarbe und -zeichnung oder die Körperform. Die Teilung des Zellkerns ist Grundlage der Zellvermehrung, der Fortpflanzung und der Vererbung. Außer den Chromosomen, die als allgemeine Erbträger fungieren, gibt es etwas anders gebaute Chromosome, die für die Geschlechtsbestimmung zuständig sind, die sogenannten Geschlechtschromosomen. Der weibliche Vogel besitzt ein X- und ein Y-Chromosom, der männliche Vogel zwei X-Chromosomen. Beim Menschen ist dies genau umgekehrt. Die Frau hat zwei X-Chromosomen und der Mann ein X- und ein Y-Chromosom.

Die beiden vertragen sich ausgezeichnet. Der Vogelhochzeit steht nichts mehr im Weg.

Den Züchter interessiert neben dem Geschlecht in erster Linie natürlich die Farbe der Wellensittiche.

Der wildfarbene Wellensittich

Die wildlebenden Wellensittiche sind vorwiegend hellgrün. Rücken, Flügel und der Hinterkopf haben die bekannte schwarz-braune Wellenzeichnung. Nur die Maske – das Gesicht von Scheitel bis Kehle – ist rein gelb und endet mit sechs schwarzen Kehltupfen, über denen außen je ein kleiner blauvioletter Wangenfleck sitzt. Weiße Flecken auf den fünf inneren Handschwingen bilden bei ausgebreiteten Flügeln ein weißes Band. Die beiden langen Schwanzfedern sind nachtblau.

Das Grün des Grundgefieders kann leicht variieren, einmal mehr zu Gelbgrün, einmal mehr zu dunklerem Grün. Auch gelbe und blaue Wellensittiche wurden in freier Natur schon vereinzelt gesichtet, wegen ihrer Auffälligkeit aber vermutlich sehr schnell von ihren Feinden getötet.

Wie die Farben entstehen

Wie kommt es nun zur Färbung des Federkleides bei Wellensittichen? Die Wellensittichfeder setzt sich aus unzähligen Zellen zusammen. Von einem stabilen zentralen Schaft gehen zur Vergrößerung der Fläche viele Ästchen ab, die untereinander verhakt sind.

Jede Zelle ist folgendermaßen aufgebaut: Die äußere Rindenschicht umschließt die Kästchenschicht. Das Zentrum jeder Zelle wird von der Markschicht gefüllt.

Bei einer grünen Wellensittichfeder ist in der Rindenschicht der gelbe Farbstoff Psittacin eingelagert, in der Markschicht der dunkle Farbstoff Melanin. Die Kästchenschicht ist dagegen farblos, jedoch von Haarröhrchen durchsetzt, die das einfallende Licht reflektieren. Der Rotanteil des Lichtes wird vom Melanin »aufgesogen«, die blauen Strahlen kehren dagegen zurück und passieren dabei das als Gelbfilter wirkende Psittacin, so daß unser Auge eine grüne Farbe wahrnimmt.

Die Federn von gelben Wellensittichen haben in der Markschicht nur wenig Melanin eingelagert, weshalb Blau nicht reflektiert, also auch kein Grün erkennbar wird. Den Federn von blauen Wellensittichen fehlt hingegen das Gelb in der Rindenschicht. Diese ist weiß, so daß ebenfalls kein Grün entstehen kann. Die Federn von weißen Wellensittichen haben eine weiße Rindenschicht, Psittacin fehlt und die Markschicht enthält nur geringfügig den dunklen Farbstoff Melanin.

Zwei Erbfaktoren für vier Farben

Aus nur zwei Erbfaktoren ergeben sich also die vier Grundfarben der Wellensittiche. Der erste veranlaßt die Herstellung von gelbem Psittacin (F) in der Rindenschicht, der zweite die Einlagerung von dunklem Melanin (O) in der Markschicht. Alle grünen Wellensittiche tragen beide Erbfaktoren in sich, gelbe dagegen nur einen, nämlich den für das gelbe Psittacin (F), und blaue ebenfalls nur einen, den für das dunkle Melanin (O). Weißen Wellensittichen fehlen beide Erbfaktoren.

Für die vielen verschiedenen Farbschattierungen spielt neben der Wechselwirkung der gelben Farbe und des Melanins auch die Struktur der Federn eine wichtige Rolle.

Grünreihe und Blaureihe

Züchter sprechen bei Wellensittichen von einer Grünreihe und einer Blaureihe, da alle Farbschläge auf die Farben Grün und Blau zurückzuführen sind. Jede Mutante erscheint sowohl in der Grün- als auch in der Blaureihe und kann jeweils in drei Intensitätsstufen auftreten.

Das Melanin (O) in der Markschicht der Zellen kann fehlen (Ow), vorhanden sein (Og) oder sogar zweifach eingelagert sein (On).

Grüne und blaue Wellensittiche mit der arteigenen dunklen Wellenzeichnung sind zweifach mit Melanin ausgestattet. Nur einfach vorhanden ist das Melanin bei Vögeln mit hellen Farben und grauen Zeichnungen wie beispielsweise dem grünen und blauen Grauflügel. Fehlt Melanin ganz oder weitgehend, sind die Vögel gelb mit leicht grünem oder weiß mit leicht blauem Anflug und fast ohne erkennbare Zeichnung, die darum auch Geisterzeichnung genannt wird.

Daneben kann noch ein Braunfaktor (B) vorhanden sein, der für das Dunklerwerden von Gefiederfarben verantwortlich ist. Aus diesen wenigen Faktoren ergeben sich die rund 80 reinen Farbschläge der gezüchteten Wellensittiche. Doch wie werden sie vererbt?

Nicht jedes Weibchen duldet gleich soviel Annäherung. Vielleicht sind die beiden aber längst ein Paar?

Manchmal dauert es lang, bis das Männchen es wagt, einen Fuß auf den Flügel des Weibchens zu setzen. Läßt die Abwehrhaltung des Weibchens nach, wird das Männchen zudringlicher.

Dominant oder rezessiv?

Erbanlagen können dominant sein, das heißt vorherrschend, oder rezessiv, das heißt nicht in Erscheinung tretend. So ist beispielsweise Grün immer dominant gegenüber Blau.

Folgende Beispiele veranschaulichen dies:

• Paart sich ein grünes Männchen mit einem grünen Weibchen, sind alle Jungen reinerbig grün = FF.

• Paart sich ein grünes Männchen mit einem blauen Weibchen, sind alle Jungen grün, da Grün dominiert. Blau ist aber rezessiv vorhanden, das heißt, die Jungen sind spalterbig = Ff.

• Paaren sich grüne Vögel, die beide spalterbig (Ff) sind, so erscheinen 50 % der Jungvögel spalterbig grün (Ff), 25 % reinerbig grün (FF) und 25 % spalterbig blau (ff).

Das gelbe Psittacin kann wie Melanin unterschiedlich intensiv auftreten, nämlich einfach und doppelt. Tritt es doppelt auf, steht für Gelb FF, tritt es nur einfach auf, steht Ff. Fehlt Gelb völlig wie den Vögeln der Blaureihe, so steht ff. F dominiert über f. So ergeben sich folgende errechenbaren Ergebnisse der Vererbung von F:

• FF und FF (Erbgut der Elternvögel) = 100 % FF (Erbgut der Jungvögel)

• FF und Ff = 50 % FF und 50 % Ff

• Ff und Ff = 25 % FF, 50 % Ff und 25 % ff

• Ff und ff = 50 % Ff und 50 % ff

• ff und ff = 100 % ff.

Auch Gefiederzeichnungen und deren Intensität können dominant und rezessiv vererbt werden. So ist zweifaches Melanin (On) dominant gegenüber dem einfachen (Og) sowie dem nur noch in geringen Maßen vorhandenen (Ow); Og dominiert wiederum über Ow.

In der Fachliteratur über Vererbungsgesetze wird statt »reinerbig« auch »gleicherbig, homozygot« und für »spalterbig« auch »gemischterbig, heterozygot« verwendet. Großgeschriebene Buchstaben stehen für reinerbig, kleingeschriebene für spalterbig.

Das Vogelelternpaar wird als P-Generation bezeichnet (Parentalgeneration), die Nachkommen als F1-Generation. Werden Vögel der F1-Generation miteinander verpaart (Inzucht), entsteht die F2-Generation. Verpaart man einen Vogel einer F-Generation mit einem der P-Generation, entsteht eine Rückzüchtung. Der Zweck liegt darin, ein Merkmal im gewünschten Erscheinungsbild des Vogels zu festigen.

Geschlechtsgebundene Vererbung

Die Vererbung des dunklen Farbstoffs Melanin ist an das X-Chromosom gebunden. Ein X-Chromosom mit Melaninfaktor wird mit »X« bezeichnet, eines ohne Melanin mit »x°«. Dieses ist rezessiv gegenüber jenem. Das X-Chromosom ist bei den Männchen doppelt vorhanden, bei den Weibchen dagegen nur einfach. Ob das Gen für den Melaninfarbstoff dominant oder rezessiv vererbt wird, spielt also bei den Weibchen keine Rolle, denn es zeigt immer die Farbe, für die das X-Chromosom zuständig ist.

Wie Sie bereits wissen, ruft Melaninmangel helle Farben und fehlende Zeichnung oder Geisterzeichnung hervor. Totaler Melaninausfall führt in der Grünreihe zu Lutinos, in der Blaureihe zu Albinos. Lutinos sind hellgelb, haben silberweiße Wangenflecken, die Wachshaut ist auch bei den Männchen rötlich-violett, die Kehltupfen fehlen. Sie haben rote Augen, da der dunkle Lichtschutz im Augenhintergrund ausgefallen ist. Das durchscheinende Blut färbt die Pupillen rot genau wie bei den weißen Albinos.

<u>Wichtig</u>: Nur Männchen können spalterbig für die O-Faktoren sein. Weibchen haben nur ein X-Chromosom und sind deshalb immer reinerbig bezüglich einer geschlechtsgebundenen Anlage. Weibchen zeugen also stets die Farbe, für die das X-Chromosom verantwortlich ist, während bei Männchen beide X-Chromosomen für den O-Faktor zuständig sein können oder auch nur eines.

Der noch junge Wellensittich ist sichtlich verdutzt ob der ungehörigen Drängelei des erwachsenen Männchens.

Beobachten und verstehen

Mit einer genauen Beobachtung Ihres Wellensittichs haben Sie schon den entscheidenden Schritt getan, um möglichst viel über sein Verhalten zu erfahren. Sie werden bald bemerken, wie Ihr Wellensittich in bestimmten Situationen reagiert, und mit etwas Intuition auch deuten können, was seine Lautäußerungen oder seine Körpersprache besagen. Reicher noch zeigt sich die Verhaltenspalette bei einem Pärchen, weil die Kommunikation zwischen Artgenossen naturgemäß nuancierter sein muß. Die Ausdrucksmittel, die ich an vielen Wellensittichen in mehr als 15 Jahren wieder und wieder beobachtet habe, meine ich richtig deuten zu können. Dennoch gleicht kein Wellensittich einem anderen aufs I-Tüpfelchen, so daß es Sie nicht verwundern muß, wenn Sie in den folgenden Beschreibungen Ihren Wellensittich nicht in allen Details wiedererkennen.

Was besagt die Körpersprache?

Wellensittiche sind unglaublich beweglich und beherrschen ihren Körper mit einer erstaunlichen Perfektion. Sie fliegen ausdauernd und zügig, klettern gewandt kopfüber und kopfunter und erreichen bei der Gefiederpflege mühelos alle Körperpartien – außer dem Kopfbereich – mit dem Schnabel.

Alle Bewegungsabläufe, die der Wellensittich zu einem bestimmten Zweck ausführt, gehören zum Komfortverhalten, wie es die Verhaltensforscher nennen. Da sind zum einen Handlungen, die die Körperpflege betreffen wie zum Beispiel sich putzen oder sich kratzen, zum anderen Bewegungen, die dem Stoffwechsel dienen wie Gähnen oder Strecken der Flügel. Des weiteren gehören Verhaltensweisen dazu, die den Wechsel von Ruhe und Aktivität regeln wie mit dem Schnabel knirschen oder die Beine nach hinten strecken.

Mit etwas verstärkter oder abgeschwächter Intensität werden derartige Bewegungsabläufe aber auch als Körpersprache angewandt.

Umarmt das Weibchen das Männchen? Es handelt sich wohl eher um ein Mißgeschick beim Landen.

Scheucht ein Vogel beim unge-
schickten Landen den anderen auf,
sind beide anschließend sehr
verlegen und gehen besonders
behutsam miteinander um.

Körpersprache

Wellensittiche sind körperlich ungemein gewandt. Ihre geschmeidigen Gelenke ermöglichen es ihnen, wahrhaft gefährlich erscheinende Verrenkungen auszuführen. Bei der täglichen Gefiederpflege kommt ihnen diese Gelenkigkeit sehr zugute. Sie macht die Vögel auch zu hervorragenden Kletterkünstlern.

Das Kraulen des Kopfgefieders ist eine kleine Liebeserklärung.

Wellensittiche führen den Fuß zum Kopf, um sich zu kratzen.

Das Flügelanheben schafft Kühle.

Perfekte Rückbeuge zum Bürzel.

Leben zwei harmonierende Wellensittiche zusammen, übertragen sie ihre Stimmungen und Bedürfnisse aufeinander. Sie tun zur gleichen Zeit sehr häufig das gleiche, zum Beispiel kratzen, gähnen, essen oder putzen.

Beide Vögel sind gleichzeitig mit der Gefiederpflege beschäftigt.

Der Kleingefiederputz kostet Zeit.

Auch das Reiben des Schnabels an einem Ast dient nicht ausschließlich der Reinhaltung, sondern ist zugleich ein Begrüßungsritual. Gesellt sich ein Vogel der Schar nach längerer Abwesenheit von einem Artgenossen wieder zu diesem, wird er durch Schnabelreiben begrüßt.

Nach der Nahrungsaufnahme wird der Schnabel am Ast gerieben.

Das Kleingefieder wird häufig von Wellensittichen aus Verlegenheit geputzt, dann nämlich, wenn sich Ängstlichkeit und Neugier in einer bestimmten Situation die Waage halten. Der Vogel weiß nicht so recht, wofür er sich entscheiden soll und weicht in eine völlig andere Tätigkeit aus.

Gähnen kann ein Zeichen für Sauerstoffmangel sein.

Federn putzen ist nicht alles

Körperpflege besteht nicht nur aus Putzen des Gefieders, sondern ist auch noch mit anderen Verhaltensweisen gekoppelt.

Sich kratzen: Der Wellensittich führt einen Fuß unter dem Flügel hindurch zum Kopf und kratzt sich dort mit der Kralle der längsten Zehe. Muß er sich an der hinteren Körperpartie oder der Kloake kratzen, führt er einen Fuß seitlich am Körper nach hinten und benützt zum Kratzen die Außenseiten der beiden vorderen Zehen. Hier kommen keine Krallen zum Einsatz, da dies für die empfindliche Kloake zu gefährlich wäre. Kratzen sich Wellensittiche auffallend häufig, können sie von Parasiten befallen sein. Auch bei stark verschmutzter Kloakenregion wird der Vogel durch häufiges Kratzen darauf aufmerksam machen.

Sich am Kopf reiben: Das Köpfchen wird häufig an den Gitterstäben des Käfigs, an einem Sitzast oder anderen Gegenständen gerieben. Man kann dieses Verhalten besonders bei allein gehaltenen Wellensittichen oder bei einem nicht völlig harmonierenden Pärchen beobachten. Der Vogel gleicht dadurch wahrscheinlich die mangelnde gegenseitige Gefiederpflege aus. Das Reiben kann aber auch zur Linderung eines Juckreizes dienen, wenn der Vogel zum Beispiel von Milben befallen ist.

Den Schnabel wetzen: Schmutz- oder Futterreste beseitigt der Vogel durch Wetzen des Schnabels an einem Ast oder am Käfiggitter. Dieses Verhalten ist nach jeder Nahrungsaufnahme zu beobachten, auch wenn keine Nahrungsreste am Schnabel haften. Gelingt es dem Vogel nicht, den Schnabel durch das Wetzen völlig zu säubern, nimmt er zusätzlich noch den Fuß zuhilfe.

Das Gefiederschütteln: Mehrmals am Tag schüttelt der Wellensittich sein gesamtes Gefieder. Nach der Gefiederpflege befördert er so die mit dem Schnabel gelösten Schmutzpartikel, Haut- und Hornschuppen aus dem Federkleid. Nach dem Baden schüttelt der Vogel sein Gefieder, um die Nässe rasch loszuwerden und das Federkleid wieder zu ordnen. Das Gefiederschütteln kann aber auch einen Stimmungsumschwung signalisieren. Beendet der Vogel beispielsweise eine Ruhepause und will jetzt essen, fliegen oder an einem Zweig nagen, schüttelt er zuvor sein Gefieder. Spannungen baut er ebenfalls so ab. Kommt man ihm etwa mit einem ihm unbekannten Gegenstand zu nahe, wird er ängstlich und schüttelt sich dann, wenn sich der Gegenstand als harmlos erweist.

Zwischen Ruhe und Aktivität

Mit dem Schnabel knirschen: Völlig entspannt und inaktiv läßt ein Wellensittich den Tag ausklingen, indem er still auf einem bevorzugten Platz ruht und leise mit dem Schnabel knirscht. Das hört sich beruhigend an und besagt, daß es ihm gut geht.

Den Schnabel im Rückengefieder vergraben: Das gehört zur Schlafstellung des Wellensittichs. Sitzt er tagsüber in dieser Haltung, will er seine Ruhe haben und nicht gestört werden.

Auf einem Fuß ruhen: Beim Schlafen ruht der Wellensittich in der Regel nur auf einem Fuß. Der freie Fuß wird ins Bauchgefieder, der Schnabel ins Rückengefieder gesteckt. Es kommt auch vor, daß Wellensittiche beim Schlafen auf beiden Füßen ruhen. Dies könnte allerdings auch darauf hinweisen, daß der Vogel krank ist. Sitzt der Vogel, ohne daß er schläft, auf nur einem Fuß, hat er keine Lust auf Aktivitäten.

Die Beine nach hinten strecken: Nach dem Schlafen und nach Ruhepausen streckt der Vogel erst das eine, dann das andere Bein zusammen mit dem gleichseitigen Flügel nach hinten. Beim Zurückziehen ballt er häufig die Zehen zur »Faust«, ehe er den Fuß wieder auf den Ast stellt. Das entspricht dem menschlichen Sichstrecken nach langer einseitiger Körperhaltung. Achten Sie dabei auf die Füße des Vogels. Fehlt das Ballen der Zehen ständig, könnte eine Schwäche der Bein- oder Fußmuskulatur vorliegen.

Das seitliche Abstellen der Flügel: Hierbei klappt der Vogel seine geschlossenen Flügel seitlich nach außen. Er wirkt dadurch größer und versucht so, Rivalen einzuschüchtern oder einem Weibchen zu imponieren. Wird der Wellensittich dabei allerdings sehr schlank, hat er erbärmliche Angst. Spreizt er in dieser Positur noch die Beine und zittert, hat er arge Schmerzen oder kann sich vor Schwäche nur mühsam auf dem Ast halten.

Das eng angelegte Gefieder: Hält ein Wellensittich plötzlich bei einer Tätigkeit inne, legt sein Gefieder eng an und erstarrt nahezu in hochgereckter Haltung, ist er erschrocken und hat große Angst.

Wenn's dem Vogel zu warm wird

Das Abheben beider Flügel: Der Vogel hebt beide Flügel leicht vom Körper ab, ohne sie auszubreiten, wobei Luft an die Unterflügelseiten gelangt. Wärme wird abgegeben und die Körpertemperatur reguliert. Bei großer Hitze kann man beobachten, wie der Vogel beide Flügel ausgebreitet von sich streckt und dabei heftig atmet. Dadurch erreicht er den notwendigen Ausgleich der Körpertemperatur.

Auch bei angenehmen Empfindungen hebt der Vogel ganz kurz seine Flügel ab als sichtbares Zeichen, daß er sich wohlfühlt.

Plustern: Sitzt ein Wellensittich mit geplustertem Gefieder auf seinem Ast, ist es ihm zu kühl und er versucht sich zu wärmen. Im geplusterten Gefieder sammelt sich Luft, die wie eine Isolierschicht zwischen Körper und Außentemperatur wirkt und ihn wärmt.

Gähnen: Alle Vögel, so auch der Wellensittich, gähnen. Dabei sperren sie den Schnabel plötzlich weit auf und schließen ihn rasch wieder. Gähnen ist bei Vögeln ebenso ansteckend wie bei Menschen. Beginnt ein Vogel zu gähnen, so gähnt kurz danach auch der Partner beziehungsweise die ganze Wellensittichschar. Vermutlich gähnen Wellensittiche aus den gleichen Gründen wie Menschen, nämlich wenn sie müde sind oder der Sauerstoffgehalt im Raum zu gering ist. Frischluftzufuhr kann abhelfen.

Die Super-Flieger

Wer schon einmal Vogelschwärme in der Luft beobachtet hat, kann über deren hervorragende Flugkünste nur staunen. Richtungsänderungen sind für die Vögel kein Problem und werden synchron von allen durchgeführt. Das erwartete Chaos bleibt aus. Schwarmtiere wie Wellensittiche verfügen nämlich über hochempfindliche Sinnessysteme, mit denen sie jede Bewegung und jeden Laut der Nachbarvögel wahrnehmen und so Kollisionen vermeiden können.

Wie Wellensittiche miteinander »reden«

Im jahrelangen Zusammenleben mit Wellensittichen habe ich etliche Lautäußerungen gehört und durch Beobachten zugeordnet und benannt. Allerdings habe ich niemals Vergleichbares in Büchern oder anderen Publikationen über Wellensittiche gelesen. Ich erzähle also meine persönlichen Eindrücke über die stimmlichen Signale der Wellensittiche.

Zetern: Auf lautstarkes und oft länger anhaltendes Gezeter, das manche Wellensittiche als Heimvögel vollführen, gibt es in Berichten über Wellensittiche in der freien Natur keine Hinweise. Ich kann auch nicht glauben, daß sie mit einem derartigen Gezeter auf ihre Nistkolonie aufmerksam machen würden. Und außerhalb der Brut führen sie nach Beschreibungen von Naturforschern ein eher heimliches Leben.

Meiner Meinung nach kommt das Zetern aufgrund überschüssiger Energie zustande, denn als Heimvogel ist kein Wellensittich wirklich ausgelastet.

Angst-Angriff-Laut: Deutlich kann man im Zusammenleben zweier Wellensittiche in bestimmten Situationen den kombinierten Angst-Angriff-Laut hören, nämlich immer dann, wenn der dominierende Vogel vom Partner erschreckt wird oder sich bedrängt fühlt. Der Laut klingt ähnlich wie ein kurzes Gackern und wird vom Adressaten sofort verstanden. Mit diesem Laut greifen manche Wellensittiche auch unbekannte Dinge an. So kämpfte mein Wellensittich Clowny auf dem Vogelbaum, der auf dem vergitterten Balkon stand, gegen die sich im

Wind bewegenden Blätter, wobei er diesen Laut ausstieß.

Warnschrei: Ein heller, schriller, sehr kurzer Vogelschrei warnt vor Feinden. Alle Vögel einer Schar fliegen nach dem Ertönen dieses Schreies auffallend schnell davon.

Fütterlaut: Ein Männchen, das sein Weibchen füttern möchte, läßt in dieser Stimmung immer gleich hohe Piepstöne hören. Die Töne sind nur leise vernehmbar, das Verhalten dabei ist aber auffallend. Das Männchen macht vor dem Weibchen Verbeugungen und trippelt mit verengten Pupillen und geplustertem Kopfgefieder um es herum.

Bettellaut: Junge Wellensittiche und Weibchen, die gefüttert werden möchten, geben den typischen Bettellaut von sich. Sie nehmen dabei eine etwas geduckte Haltung ein und lassen die Flügel hängen.

Verlangensschrei: Er klingt ganz anders als der Bettellaut, ist kurz, nicht durchdringend wie der Warnruf und sagt dem Vogelpartner, daß etwas von ihm erwartet wird, meistens »komm zu mir«.

Sozialverhalten

Wellensittiche, die in freier Natur nie als Einzelgänger, sondern in der Schar leben, müssen in der Lage sein, möglichst friedlich miteinander auszukommen. Jedem Vogel sind – wie gezeigt – differenzierte Verhaltensweisen angeboren, die das soziale Leben regeln. Sie können durch Stimme, Körperhaltung oder Bewegungsabläufe zum Ausdruck kommen und sind allen Scharmitgliedern verständlich. Balz, Paarung, Brutpflege sowie die Beziehungen der Vögel untereinander bis hin zur Aggression werden durch arttypische Verhaltensweisen geregelt. Viele dieser Signale haben Auswirkungen auf den inneren Zustand des Vogels, können beruhigend oder aufregend wirken. Hier zwei Beispiele:

Kopfkraulen: Wenn Sie ein Pärchen besitzen, haben Sie bestimmt schon beobachtet, wie sich die beiden Vögel abwechselnd mit sichtlichem Genuß und beruhigendem Effekt das Kopfgefieder kraulen. Die wesentliche Bedeutung des Kopfkraulens liegt sicherlich in der Festigung der Paarbindung. Dabei spielt es kei-

Oberhalb des Ansatzes der Schwanzfedern liegt die Bürzeldrüse. Ihr entnimmt der Wellensittich ein ölartiges Sekret, mit dem das gesamte Gefieder eingefettet und damit wasserabstoßend gemacht wird. Zusätzlich hält das Sekret Schnabel und Zehen geschmeidig.

Der Vogel entnimmt der Bürzeldrüse ein ölartiges Sekret.

Das Kopfgefieder reibt er direkt an der Drüse.

Wieder und wieder wird die Flügelunterseite gepflegt.

ne Rolle, ob es sich um zwei verschiedenge-
schlechtliche oder um zwei gleichgeschlechtli-
che Vögel handelt, da im letzteren Falle einer
von beiden die Rolle des fehlenden Geschlechts
übernimmt.

Daneben hat das Kopfkraulen auch noch einen
hygienischen Sinn. Das Glätten der kleinen Fe-
derchen in der Kopfregion, das Entfernen von
Staubteilchen gelingt dem Partner mit dem
Schnabel viel besser als dem einzeln gehaltenen
Wellensittich mit seinen Füßen.

Streckt Ihr Wellensittich Ihnen eines Tages in
geduckter Haltung mit leicht gesträubten Federn den Kopf entgegen, will er Ihnen signalisieren: »Bitte kraule mich.« Behutsam sollten
Sie dann solange mit dem kleinen Finger zart
gegen den Strich über seinen Kopf streichen,
wie es der Vogel durch wohliges Stillhalten hin-
nimmt. Rechnen Sie aber damit, daß der Vogel
sich revanchiert und im Gegenzug die Härchen
auf Ihrem Arm, Ihre Haare, die Wange oder das
Ohrläppchen beknabbert.

Aggression: Grundsätzlich sind Wellensittiche
friedfertige Vögel, die vor ihren Feinden fliehen
und untereinander keine Rangordnungskämpfe
austragen. Dennoch bleiben in einer Schar Aggressionen nicht aus. Das Einzeltier sichert sich
in freier Natur so seine Rechte, weist Konkurrenten bei der Partnerwahl in die Schranken
und verteidigt den Brutplatz.

Dazu reicht meist die Drohgebärde: gespannte
Haltung mit glatt anliegendem Gefieder, hochgereckter Körper, gegen den Artgenossen ge-
richteter Kopf.

Die Warnung wird begleitet von einem Droh-
laut. Genügt dies allein nicht, macht sich der
Wellensittich durch Strecken der Fußgelenke
etwas größer und droht mit angedeuteten Hie-
ben des geöffneten Schnabels. Der Bedrohte
flieht meist.

Zu regelrechten Kämpfen, bei denen die Tiere
sich ernstlich verletzen können, kommt es meines Wissen nur bei Vögeln, die in Käfigen oder
Volieren gehalten werden. Weibchen sind in
der Regel angriffslustiger als Männchen, bedie-
nen sich aber der gleichen Methoden wie diese.

Nicht jede Aggression ist »ernst« gemeint. Sie wird oft spielerisch angewendet, um den Effekt zu erproben.

Eben flügge Nestlinge – von den Züchtern »naturzahm« genannt – gewöhnen sich innerhalb kurzer Zeit an den Menschen, wenn er sich in den ersten Tagen viel Zeit für sie nimmt.

Sehen, hören ...

Wie bei allen höheren Lebewesen sind auch bei den Wellensittichen die Sinnesorgane für Sehen, Hören, Tasten, Riechen und Schmecken gut ausgebildet und befähigen sie, die Umwelt wahrzunehmen und auf die Vorgänge in ihr richtig zu reagieren.

Das Sehen: Wellensittiche können in der Sekunde 150 Bilder aufnehmen, Menschen dagegen nur 16! Für einen schnell fliegenden Vogel ist das Wahrnehmen vieler Details lebenswichtig. Noch dazu haben sie durch die seitlich angeordneten Augen nahezu den »Rundum-Blick«, also ein großes Sichtfeld, das nicht nur zum sofortigen Ausmachen der Feinde vorteilhaft ist.

Wellensittiche sehen die Welt so bunt wie wir, das haben Forscher bewiesen. Als tagaktive Lebewesen tragen sie ein farbiges Federkleid, das schließlich im Zusammenleben der Schar nur einen Sinn hat, wenn es von den Mitgliedern auch gesehen wird.

Das Hören: Wie bei fast allen Vögeln ist das Gehör auch bei Wellensittichen hochentwickelt. Sie hören in Frequenzbereichen von 400 bis 20 000 Hertz und können bestimmte Tonfrequenzen im Gedächtnis speichern. Das ist wichtig, weil bestimmte Rufe wie der Warnschrei immer eindeutig und spontan erzeugt werden müssen, um den Signalwert zu erhalten. Hört der Wellensittich eine rasche Tonfolge, kann er diese in einzelne Töne auflösen und exakt wiedergeben.

Das Tasten: Der Tastsinn ist bei vielen Vögeln erstaunlich gut ausgebildet, kann doch ein brütendes Weibchen über den Brutfleck (→ Lexikon, Seite 124) spüren, ob sich das Küken im Ei bewegt und wann es sich anschickt zu schlüpfen. Außerdem haben Wellensittiche einen Vibrationssinn, mit dem sie selbst schwache Erschütterungen wahrnehmen und richtig auswerten können. Mit diesem Sinn spüren die Vögel zum Beispiel, wenn sich ein Feind der Bruthöhle oder dem Schlafplatz nähert, wenn ein Unwetter aufzieht oder ein Buschbrand ausgebrochen ist. Beim Heimvogel kann dieser Sinn allerdings nächtliche Paniken auslösen, wenn etwa ein Lastwagen auf der Straße vorbeidonnert oder Partygäste im Nebenraum tanzen und dabei Vibrationen auslösen, die der Vogel nicht zuordnen kann. Der Vogelkäfig braucht deshalb einen Standort, an dem er keinen Erschütterungen ausgesetzt ist. Stellen Sie ihn niemals, auch nicht kurz, auf dem vibrierenden Kühlschrank oder gar der laufenden Waschmaschine ab, denn der Vogel könnte sich im Käfig durch seine Fluchtreaktion schwer verletzen.

Das Schmecken: Ich bin davon überzeugt, daß Wellensittiche empfindsame Geschmacksnerven haben, denn fast ein jeder hat sein Leibgericht, sei es eine bevorzugte Obstart oder eine bestimmte Speise vom Familientisch, auf das er sich sofort stürzt und dabei andere Speisen ignoriert.

Das Riechen: Ich weiß es nicht, ob Wellensittiche gut riechen können oder eher schlecht, denn ich habe niemals bemerkt, daß einer auf Gerüche reagiert hat. Doch die bekannte Wellensittich-Kennerin Berta Ragotzi versichert, daß ihr Wellensittich Putzi am Geruch erkannte, was sie gekocht hatte und bei seinen Lieblingsgerichten unruhig wurde.

Verlegenheitsgesten

Ein Wellensittich, der in seinem Vorhaben unsicher wird, weicht in eine Verlegenheitsgeste aus. Wurde meinem Wellensittich Manky, einem leidenschaftlichen Spieler, ein Spiel zu turbulent, rannte er übergangslos zu seinem Näpfchen und begann zu essen. Ließ ich das Spiel wieder ruhiger angehen, kam er zurück und war eifrig bereit weiterzuspielen. In den ersten Monaten seines Lebens bei mir akzeptierte mich Manky nur in zwei bestimmten Kleidern. Kam ich zu ihm ins Zimmer, freute er sich und wollte mir zur Begrüßung entgegenfliegen. Doch meist bemerkte er im letzten Moment, daß ich »falsch« angezogen war, hielt inne und begann sich zu putzen – eine typische Übersprungshandlung seinerseits.

Der Wellensittich und seine Schwanzfedern

Ein Wellensittich kümmert sich im normalen Tagesablauf wenig um seine Schwanzfedern. So wählt er auch ohne weiteres einen Sitzplatz, an dem die Schwanzfedern irgendwo anstoßen, stark gebogen oder zerzaust werden. Viele Wellensittiche haben ständig zerrupfte Schwanzfedern, ohne dadurch sichtlich zu leiden. Berührt jedoch ein Lebewesen den Schwanz, zuckt der Vogel augenblicklich zusammen und dreht sich blitzschnell weg. Bei meinen Wellensittichen Mini und Manky habe ich häufig gesehen, wie Manky in Balzstimmung versuchte, Mini auf den Schwanz zu treten, wenn sich beide am Boden aufhielten. Mini stieß dann sofort einen gackernden Angst-Angriff-Laut aus, entwand sich Manky und drohte ihm anschließend. Berührte ein Besucher nun Mankys Schwanz aus Ungeschick, stieß Manky den nämlichen Schrei aus und suchte sofort das Weite.

Protest ist angebracht

Meine Vögel protestierten immer dann, wenn ich aus triftigem Grund einen oder zwei im Käfig ließ, während der andere frei fliegen durfte. Erregt liefen die im Käfig befindlichen Wellensittiche auf dem Käfigboden immer dicht am Gitter hin und her wie kleine Raubkatzen im Zoo. Oder sie führten derart akrobatische Verrenkungen aus, daß ich oft bangte, sie könnten sich dabei die Beinchen ausreißen. Sie hingen dann am Gitter, steckten das Köpfchen zwischen den Beinen hindurch nach unten und vollführten so einen vollkommenen Salto.

Erstaunliches über Wellensittiche

Wellensittiche sind meines Erachtens durchaus intelligent. Der Verhaltensforscher Otto König hat im Experiment nachgewiesen, daß Wellensittiche ein beachtliches Zählvermögen (→ Lexikon, Seite 135) haben. Doch abgesehen davon haben meine Vögel ganz erstaunliche Beweise ihrer Intelligenz geliefert.

Eine Zeitlang hatte ich neben meinen Wellensittichen Manky und Mini noch das Weibchen Muschi zur Pflege bei mir. Muschi war klein, zierlich und hatte nur eines im Sinn, Manky zu erobern. Aber da war Mini, die es stets und überall erfolgreich verhinderte, daß sich die beiden näherkamen. Die Verfolgungen endeten für Muschi oft blutig. Muschi revanchierte sich bei Mini wegen der gnadenlosen Verfolgung auf ihre Art. War Mini nämlich in ihrem Käfig und aß aus dem Näpfchen, das mit zwei kleinen Haken im Gitter hing, kletterte Muschi blitzschnell von außen hoch und schob das Näpfchen so lange hin und her, bis Mini der Appetit vergangen war.

Das grüne Wellensittich-Männchen Zwutschi war der Außenseiter in meiner kleinen Schar. Er wagte nur zu essen, wenn die anderen mit Fliegen oder Spielen beschäftigt waren. Zum Ausgleich dafür bekam er täglich von mir eine kleine Extraration Nackthafer vor sein Stehauf-Spiegelchen auf dem Telefontischchen. Das war sein Lieblingsplatz, der von den anderen gemieden wurde. Vergaß ich aber einmal, ihm diese Ration zu geben, versuchte er mich darauf aufmerksam zu machen: Er trippelte vom Spiegel zum Rand des Tischchens und sah mich unentwegt an. Reagierte ich nicht, schupste er das Stehauf-Spiegelchen zum Tischrand, bis es herunterfiel – ein deutliches Signal!

Ein ähnliches Privileg gestand ich Manky zu. Er bekam seine Extraration Nackthafer vor seiner Lieblingsdose aus Achat auf meinem Schreibtisch. Beim Verzehr dieser Samen lag er buchstäblich vor der Dose auf dem Bauch, um von Mini nicht bemerkt zu werden, die auf ihrem bevorzugten Platz, dem Vogelbaum, saß. Denn kam sie überraschend doch einmal auf den Schreibtisch, verdrängte sie Manky sofort und verspeiste die Samen selbst. Mit einem Verlangensschrei flog Manky dann mehrmals dicht über sie hinweg und veranlaßte sie so zum Mitfliegen. Lag aber ein Gitterbällchen auf dem Schreibtisch, warf er damit nach Mini. Glücklicherweise hat er sie nie getroffen, doch jedes Mal mit Erfolg verjagt.

In einer solchen **B**lätterfülle kann der **W**ellensittich sich wunderbar verstecken.

Wer Wellensittiche verstehen will, muß viel Zeit mit ihnen verbringen und möglichst mehr als einen Vogel beobachten können. Natürlich brauchen die Vögel einen ausreichend großen Lebensraum mit mehreren Plätzen zum Landen und Sichaufhalten. Bei zwei und mehr Vögeln kann man die Paarfindung, allerlei Auseinandersetzungen und viele typische Verhaltensweisen mitverfolgen.

L·E·X·I·K·O·N

Was hat es mit der Französischen Mauser oder dem Gelbgesicht im Zusammenhang mit Wellensittichen auf sich? Unser kleines Lexikon gibt Ihnen Aufschluß. Von A wie Albino bis Z wie Zimter gibt es Ihnen Auskunft über allgemeine und spezielle Begriffe aus dem Vogelleben. So können Sie Ihr Wissen über den liebenswerten kleinen Wellensittich noch vertiefen.

A Adult
Lat. = erwachsen, geschlechtsreif.

Aggression
Jegliches Verhalten, das der Verteidigung, dem Angriff oder dem Drohen gilt, wird mit Aggression bezeichnet. Wellensittichmännchen drohen einem Rivalen durch → Imponierverhalten, oder sie versuchen dem Gegner einen Fuß abwehrend auf die Brust zu setzen. Weibchen greifen dagegen eine Rivalin ohne merkliche Ankündigung an, indem sie sofort beißen. Weibchen sind angriffslustiger als Männchen. Für ein Wellensittichpärchen braucht man kaum zu fürchten, da das Männchen sein Weibchen nie angreift. Die Partnerin hat fast immer den Vortritt.

Alarmruf
Wellensittiche verfügen über einen speziellen, schrillen Alarmruf, mit dem sie ihre Artgenossen auf eine Gefahr aufmerksam machen. Gleichzeitig mit dem Rufen fliegen sie pfeilschnell von ihrem Sitzplatz ab. Beim Heimvogel können Sie dieses Verhalten beobachten, wenn einer durch das Fenster zum Beispiel einen Greifvogel sieht oder anderweitig erschreckt wird.

Albino
Ein weißer Wellensittich ohne Gefiederzeichnung aus der Blaureihe (→ Vererbung, Seite 106), dem jeglicher Melaninanteil (→ Melanin) fehlt. Albinos haben rote Augen und eine rosa → Wachshaut.

Ammenaufzucht
Wird ein Ei oder ein Küken einem fremden Elternpaar ins Nest gelegt und von ihm erbrütet und aufgezogen, spricht man von Ammenaufzucht.

Art
Eine Gruppe von Lebewesen mit übereinstimmendem Körperbau, auch Spezies genannt. Äußere Merkmale können innerhalb der Art variieren und in extremen Abweichungen → Unterarten bilden. Vom Wellensittich nahm man jahrzehntelang an, er sei der einzige Vertreter seiner Art, doch in den letzten Jahren meinten australische Ornithologen (→ Ornithologie), auch von ihm Unterarten entdeckt zu haben.

Aspergillose
Eine Pilzerkrankung. Vornehmlich hervorgerufen durch verpilztes, feucht-schimmeliges Futter. Diese Infektion betrifft besonders die Atmungsorgane. Ihre Gefährlichkeit besteht in der außerordentlich schwierigen Diagnosestellung. Daher meist tödlich.

B Balzverhalten
Unter diesem Begriff versteht man alle Verhaltensweisen, die der Paarbildung, der Paarbindung und der → Kopulation dienen.

Bastard
Nachkomme aus der Verbindung von Individuen zweier verschiedener → Arten. Die Arten müssen jedoch nahe verwandt oder zwei → Unterarten sein, sonst können sie keine Nachkommen zeugen. Bastarde sind in den überwiegenden Fällen nicht fortpflanzungsfähig.

Brutfleck
Während der Brut entwickelt sich der sogenannte Brutfleck auf dem Bauch des Weibchens. Die Haut verdickt sich und wird vermehrt von Blutgefäßen durchzogen, was sich wärmend auf die Eier auswirkt. Über den Brutfleck spürt das Weibchen die Bewegungen im Ei und bemerkt so, wann das Küken zu schlüpfen beginnt. Bei vielen Vogelarten fallen die Federn auf dem Brutfleck völlig aus, beim Wellensittich wird das Gefieder dort nur merklich dünner.

Brutpflegetrieb

Mit diesem Begriff werden alle Verhaltensweisen bezeichnet, die darauf schließen lassen, daß ein Tier sich paaren möchte, um Nachwuchs zu zeugen. Jede Tierart hat dafür bestimmte Auslöser. Viele Singvögel werden beispielsweise durch die zunehmende Tageslänge stimuliert. Bei Wellensittichen erwacht der Brutpflegetrieb, wenn Regenfälle einsetzen, die auf ausreichend viel Wasser und frische Nahrung schließen lassen. Da sie beides als Heimvögel ständig zur Verfügung haben, kommen sie relativ häufig in Brutstimmung. Sie füttern dann ihr Spiegelbild, einen Plastikkumpan oder einen anderen Gegenstand mit aufgewürgter Nahrung. Männchen tun das als Ersatz für das Füttern ihres Weibchens, Weibchen als Ersatz für das Füttern ihrer Küken.

Bruttemperatur

Die ideale Temperatur zum Brüten ist für Wellensittiche 37 °C im Nest. Beträgt die Raumtemperatur zwischen 16 und 18 °C, entstehen um die Eier im Nest etwa 37 °C durch den engen Körperkontakt mit dem Weibchen. Ist es kühler, kann sich der Schlüpftermin – durchschnittlich werden die Eier 18 Tage lang bebrütet – verzögern.

Bürzeldrüse

Sie liegt oberhalb des Ansatzes der Schwanzfedern und gibt ein ölartiges Sekret ab, das dazu dient, die Federn wasserabstoßend zu machen und Schnabel, Schuppen und Zehen geschmeidig zu halten. Wellensittiche reiben wiederholt ihr Köpfchen an der Bürzeldrüse und entnehmen ihr auch mit dem Schnabel das Sekret, um es auf die Federn zu verteilen.

Buff

Engl. = lederfarben, blaßgelb. Wellensittiche mit fahler Grundfarbe. Die große »Buff«-Feder ist breit und lang, die Gefiederfarbe nicht bis zum Rand sichtbar. Diese wirkt dadurch stumpf.

C Chromosomen

Die Erbanlagen (→ Mendelsche Gesetze) sitzen in Form von Genen paarweise auf den Erbträgern, den sogenannten Chromosomen, im Zellkern einer Zelle.

D Desinfektion

In regelmäßigen Abständen müssen Gehege, Futternäpfe, Sitzstangen und Beschäftigungsgegenstände desinfiziert und danach gründlich warm abgebraust und trockengerieben werden. Dadurch beugt man Erkrankungen der Wellensittiche vor. Es sollten nur leichte und ungefährliche Desinfektionsmittel verwendet werden, die kein Formaldehyd enthalten. Dieser hochgiftige Stoff beeinträchtigt die Gesundheit der Vögel. Im Zweifelsfall gibt der Tierarzt Auskunft. Er kann auch die geeigneten Desinfektionsmittel gegen bestimmte Krankheitserreger verschreiben. Die Gebrauchsanweisungen des Herstellers sind bei Desinfektionsmitteln unbedingt zu beachten.

Dimorphismus

→ Sexualdimorphismus.

Domestikation

Das ist der Prozeß, durch den ein Wildtier über viele Generationen zum Haustier wird. Durch die jahrzehntelange Zucht in Menschenobhut, in der die natürliche Selektion (Auslese) entfällt und der Mensch die Zuchtwahl trifft, wurde der Wellensittich domestiziert.

Double Buffs

Wellensittiche mit noch längeren und breiteren Federn und einem noch stumpfer wirkenden Gefieder als bei den → Buffs; sie entstammen der Verpaarung von Buffs.

L·E·X·I·K·O·N

E

Eiablage

Im Abstand von jeweils zwei Tagen legt das Weibchen seine Eier, bis das Gelege drei bis fünf, selten mehr Eier umfaßt. Durch kräftiges Pressen der Eileitermuskulatur wird das Ei gelegt. Danach verharrt der Vogel etwa fünf Minuten in starrer Haltung, um sich von der großen Anstrengung zu erholen. Kommt das Weibchen in → Legenot, muß sofort vom Tierarzt helfend eingegriffen werden. Offenbar ist bei Wellensittichweibchen der Fortpflanzungsdrang oft so stark, daß sie die natürliche Abfolge von Balz über Paarbildung und Kopulation überspringen und auch allein oder in Gesellschaft eines zweiten Weibchens in periodischen Abständen Eier legen. Die Vögel erschöpfen sich dabei und erliegen ihrer Schwäche, wenn die Legefreudigkeit nicht durch eine hormonelle Behandlung unterbunden wird.

Einschläfern

→ Euthanasie.

Eizahn

Kalkhaltige, harte und dornförmige Erhebung auf dem Oberschnabel des Kükens. Mit Hilfe dieses Eizahns pickt das Küken im Ei die Eischale auf, um sie dann durch Streckbewegungen sprengen zu können. Der Eizahn fällt 5 bis 7 Tage nach dem Schlüpfen ab.

Eumelanin

→ Melanin.

Euthanasie

Ein Tier darf nach dem Gesetz nur vom Tierarzt getötet werden, wenn das Weiterleben des Tieres für andere eine Gefahr darstellt oder das Tier sich nur noch quält. Besteht für einen kranken Wellensittich keine Chance zur Heilung, so sollte er vom Tierarzt durch eine Spritze eingeschläfert werden.

Exkremente

Wellensittiche scheiden alle 12 bis 15 Minuten ein Kotbällchen aus. Der Kot eines gesunden Vogels besteht aus einem dunkelgrünen bis schwärzlichen Ringlein, das die hellen Harnabsonderungen umschließt. Allerdings neigen Weibchen dazu, vor und während der Eiablage weicheren Kot abzusetzen, während der Brutzeit sogar in längeren Zeitabständen und sichtlich größere Kotbällchen als gewöhnlich.

F

Falben

Wellensittiche mit rotbrauner Gefiederzeichnung und roten Augen. Man unterscheidet kontinentale Falben mit weißem Irisring und englische Falben ohne Irisring.

Farbzucht

Die ursprüngliche Gefiederfarbe des Wellensittichs ist hellgrün mit gelbem Gesicht und den typischen schwarz-gelben Wellenzeichnungen auf Hinterkopf, Rücken und Flügeldecken (→ Stammform). Alle anderen Farben (bei

Wellensittichen Farbschläge genannt) sind durch Züchtungen entstanden.

Featherduster

Der aus dem Englischen übernommene Begriff bedeutet wörtlich »Gefieder-Staubwedel«. Im Deutschen wird auch der Begriff »Federputzer« verwendet. Bei diesem Wellensittich wachsen die Federn immer weiter, so daß sie ihn beim Sehen und Fliegen stark behindern. Ob es sich dabei um eine erblich bedingte → Mutation oder um eine Krankheit handelt, ist nicht geklärt. Die meisten Featherduster sind sehr aggressiv. Viele können auch nicht ausreichend Nahrung aufnehmen und verhungern. Ihre starke Anfälligkeit für Infektionen beschert ihnen nur eine kurze Lebensdauer.

Feder

Das Gefieder eines Vogels besteht aus unendlich vielen geschmeidig biegsamen, aber äußerst haltbaren Federn, die sich jedoch in Form und Funktion voneinander unterscheiden. Am auffälligsten sind die Konturfedern, die das geschlossene Federkleid bilden und den Vogel vor Nässe schützen. Als Schwungfedern der Flügel und als Steuerfedern des Schwanzes befähigen sie den Vogel zum Fliegen. Ihr komplizierter Aufbau ermöglicht die unterschiedlichen Funktionen. Einfacher sind die meist unter den Konturfedern verborgenen Halbdunen- und Dunenfedern aufgebaut, die vor allem dem Wärmeschutz dienen. Vogelküken, die bis zum Flüggewerden im Nest von den Eltern versorgt werden, haben in den ersten Lebenstagen meist nur Dunenfedern, bis allmählich die Konturfedern wachsen.

Federaufbau

Alle Teile einer Feder bestehen aus den Federzellen, deren Anordnung Aussehen, Form und Funktion einer Feder bestimmen. Jede Feder ist mit dem Federkiel in der Haut verankert und wird während ihres Wachstums über die Blutbahn mit Nährstoffen versorgt. Der Federkiel setzt sich im sogenannten Federschaft fort, der biegsamen Mitte einer Feder. Dieser trägt die beiden Reihen der feinen, steifen Federäste. Jeder Federast ist wiederum von zwei Reihen feiner Bogenstrahlen umgeben, an denen ebenfalls zwei Reihen der noch feineren Hakenstrahlen sitzen. Da Federäste und Bogenstrahlen jeweils einen Winkel von annähernd 45° zu ihrer Ausgangsbasis, dem Federschaft, bilden, kreuzen sich benachbarte Federäste und Bogenstrahlen rechtwinklig und werden von den Hakenstrahlen leicht fixiert. Kommt die Fahne einer Feder, die von Federästen, -strahlen und Hakenstrahlen gebildet wird, einmal in »Unordnung«, so genügt das Schütteln des Gefieders, um das Halten der Form durch die Hakenstrahlen wiederherzustellen.

Federbalgzysten

Sie entstehen durch Federkiele, welche die Haut nicht durchbrechen. Werden diese nicht frühzeitig entfernt, können sich geschwulstartige Verdickungen bilden. Eine Zyste kann nur der Tierarzt öffnen und behandeln.

Federlinge
→ Parasiten.

Federmißbildungen

Bei älteren, schlecht ernährten oder nicht völlig gesunden Wellensittichen können nach der natürlichen → Mauser mißgebildete Federn nachwachsen. Schwung-, Schwanz- und kleine Federn bleiben in der sie umhüllenden Scheide stecken, nur ein kleiner Pinsel entfaltet sich. Die Federn können sich auch in halber Länge verjüngen und um den Schaft drehen oder zur Spitze hin ausfransen, ihre ursprüngliche Farbe verlieren oder sich dunkel verfärben. Als Ursache kommen Mangelerscheinungen, Hormonstörungen oder Federbalgzysten in Frage. Sobald Sie derartiges bei Ihren Wellensittichen beobachten, sollten Sie einen Tierarzt zu Rate ziehen, da nur er die richtige Behandlung einleiten kann.

Federputzer
→ Featherduster.

Federrupfen

Große, alleingehaltene Papageien beginnen oft damit, sich die Federn auszurupfen, was bis auf die Kopfregion zur völligen Kahlheit führen kann. Bei Wellensittichen kommt dies seltener vor. Es ist nicht ausreichend erforscht, ob es sich bei dieser »Untugend« um eine psychische Störung oder um eine Mangelerscheinung, eine Stoffwechselstörung oder → Parasiten handelt. Aus vielen Berichten über diese gefährliche Störung des Wohlbefindens geht hervor, daß Papageien und auch Wellensittiche damit begannen, sich die Federn auszurupfen, nachdem sie von ihrer Bezugsperson oder dem Vogelpartner getrennt wurden. Andere wiederum lebten jahre-

lang allein in menschlicher Gesellschaft und begannen plötzlich ohne ersichtlichen Grund mit dem Rupfen. In jedem Fall sollten Sie Ihren federrupfenden Wellensittich zu einem Tierarzt bringen und sich dort beraten lassen. Viel Zuwendung und ein Artgenosse zur Gesellschaft können eventuell bereits eine Besserung herbeiführen.

Französische Mauser

Sie wird auch Hopser- oder Rennerkrankheit genannt. Es handelt sich um eine spezielle Wellensittichkrankheit, bei der sich das Gefieder nicht vollständig ausbildet. Befallen sind davon bereits die Nestlinge, denen im Alter von etwa 4 Wochen die eben ausgewachsenen Schwung- und Flugfedern ausfallen oder abbrechen. Entweder wachsen sie dann überhaupt nicht nach oder sie fallen noch vor der Flugfähigkeit erneut aus. Diese Vögel bleiben meist flugunfähig, können aber sehr zahme Heimtiere werden, die allerdings viel Fürsorge brauchen. Sie sollten in einem geräumigen Käfig ungehindert Gelegenheit zum Klettern und Knabbern haben. Wellensittiche, die unter der Französischen Mauser leiden, sollten niemals zur Zucht benützt oder mit gesunden Zuchtpaaren zusammengebracht werden, da vermutet wird, daß die Krankheit über ein ansteckendes Virus übertragen werden kann. Es gibt allerdings auch Fälle, in denen sich Renner wieder vollständig befiedern. Nach der ersten → Mauser kann man ihnen dann nicht mehr ansehen, daß sie vorher Renner waren.

L·E·X·I·K·O·N

Fuß des Sittichs

Wellensittiche haben den typischen Kletterfuß aller Papageien. Die beiden mittleren Zehen sind nach vorn, die beiden äußeren nach hinten gerichtet, weshalb sich der Fuß ausgezeichnet zum Festhalten im Gezweig, aber auch zum Halten von Nahrung eignet. Wenn Wellensittiche auch nicht wie viele große Sittiche und Papageien die Nahrung mit dem Fuß zum Schnabel führen, so kann man sie doch dabei beobachten, wie sie beispielsweise die Kolbenhirse mit dem Fuß haltend zu sich heranziehen, um die kleinen Samen besser herauslösen zu können.

Futterautomaten

Röhrenförmige Behälter aus Kunststoff, die mit der Körnermischung gefüllt werden. Die Körner rieseln automatisch in die kleine Futterrinne, wo die Wellensittiche sie dann genießen können.

Die Vögel sind einerseits ständig mit sauberer Nahrung versorgt. Andererseits muß täglich kontrolliert werden, ob der Futterautomat funktionstüchtig ist und sich die Körner nicht stauen. Es sind Fälle bekannt, in denen Wellensittiche vor dem vollen Automaten verhungerten, weil der Nachschub blockiert war.

G Gattung

Eine Einheit der biologischen Klassifikation, die im allgemeinen mehrere nah verwandte → Arten enthält. Nächsthöhere Kategorie ist die Familie. Der erste, stets groß geschriebene Teil eines wissenschaftlichen Tier- oder Pflanzennamens (→ Nomenklatur) ist der Gattungsname.

Geisterzeichnung

So nennt man die nur schwach wahrzunehmende Gefiederzeichnung eines Wellensittichs, dessen Erbanlagen einen Mangel am Farbstoff → Melanin aufweisen. Diese Erscheinung ist vom Züchter durchaus gewollt und bewußt herbeigeführt worden.

Gelbgesichter

Obgleich es sich um Wellensittiche aus der Blaureihe (→ Vererbung, Seite 106) handelt, haben sie gelbe Masken und gelbgebänderte äußere Steuerfedern. Gelbgesichter können in allen Farbschattierungen der Blaureihe auftreten. Gelbgesichter gibt es in zwei Mutationsformen (→ Mutation): Eine zeigt sich wie oben beschrieben, die andere hat ein zusätzlich gelb überhauchtes Gefieder. Dies führt bei einem blauen Vogel beispielsweise dazu, daß er grünlich erscheint.

Gelb-Schwarzauge

Ein gelber Wellensittich ohne Gefiederzeichnung, mit weißen Wangenflecken, wie beim → Lutino, jedoch mit schwarzen Augen.

Geographische Unterarten

Sie entwickeln sich in Lebensregionen mit klimatischen Unterschieden. Auch die beiden → Unterarten des Wellensittichs sind geographische Unterarten. Das Klima in Nordaustralien ist beispielsweise heißer als in Westaustralien, so daß sich in beiden Gebieten Unterarten entwickelten, die sich jeweils geringfügig von der → Stammform durch leicht aufgehellte Farbtöne oder Zeichnungen unterscheiden.

Gesäumte

Die Wellenzeichnung der Gesäumten – dunkle Säume um helle Federn auf Rücken und Flügeln – verhält sich genau umgekehrt zur Wellenzeichnung der wildfarbenen Wellensittiche. Deren dunkle Federn auf Rücken und Flügeln sind gelb gesäumt. In Züchterkreisen werden die Gesäumten auch »Spangles« (engl. für gesäumt) genannt.

Giftige Pflanzen

Auch von Pflanzen kann dem Wellensittich Gefahr drohen. Mit folgenden Zimmerpflanzen sollte der Vogel keine Berührung haben, weil sie hochgiftig sind: Becherprimel, Brechnußbaum (*Strychnos vomica*), Catharanthus, Christusdorn, alle Dieffenbachia-Arten, Eibe, Hyazinthe, Immergrün (*Vinica minor*), alle Nachtschattengewächse, beispielsweise der Korallenstrauch, Madagaskarpalme (*Pachypodium*), Narzissen, Oleander, Beeren der Spitzblume (*Ardisia*), Weihnachtsstern, Wunderstrauch (*Cordiaeum variega-

tum), Wüstenrose, Beeren vom Zierspargel.

Folgende Pflanzen sind zwar nicht giftig, enthalten aber schleimhautreizende Substanzen, die einem so kleinen Lebewesen sehr schaden können: Efeu, Fensterblatt (*Monstera*), Flamingoblume, Goldtrompete, Kolbenfaden (*Alaonema*), Philodendron, Schefflera.

Bei allen Kakteen und anderen Pflanzen mit stacheligen Teilen ist Vorsicht geboten. Der Vogel kann sich an den Stacheln die Augen verletzen. Fragen Sie beim Anschaffen neuer Pflanzen nach deren Verträglichkeit für den Vogel.

H Halbrundhauben

→ Haubenwellensittich.

Halbseiter

Wellensittiche, denen bei der Zellteilung ein Teil der Erbsubstanz verlorengegangen ist (→ Vererbung, Seite 105 bis 108). Dadurch kann es zum Beispiel zu einer Teilung der Körperfarbe in Grün und Blau kommen. Diese Veränderung des Erscheinungsbildes ist nicht vererbbar.

Harlekine

Vögel mit gescheckten Gefieder, auch rezessive dänische → Schekken genannt. Die Bezeichnung »Harlekine« ist auf die bunte Farbe und die »lustige« Zeichnung zurückzuführen.

Haubenwellensittich

Bei den Haubenwellensittichen ist jede Zeichnungs- und Farbenkombination möglich. Unterschieden wird zwischen drei Haubenarten.

Bei den Rundhauben ist die Haube voll ausgebildet und breitet

sich von der Kopfmitte ausgehend kreisförmig bis in Augenhöhe aus, an Ponyfransen erinnernd. Die Augen bleiben frei.

Die Anordnung bei der Halbrundhaube ist wie bei der Rundhaube, jedoch nur in der vorderen Hälfte als Haube ausgebildet.

Bei den Spitzhauben wird die Haubenbildung durch nach oben stehende Federn erreicht.

Heimfindevermögen

Von vielen Zugvögeln weiß man, daß sie alljährlich in dasselbe Brutgebiet zurückfinden, das sie im Herbst des vorigen Jahres verlassen haben. Diese Vögel können sich zum Beispiel an Landmarken oder am Stand der Sterne orientieren. Wellensittiche sind aber Nomaden. Sie haben einen derart spezifischen Orientierungssinn nicht nötig. In ihrem jeweiligen Brutgebiet sind sie natürlich wegkundig und finden auch nach Flügen zu Wasserstellen in die weitere Umgebung zum Brutplatz zurück, doch wenn ein Heimvogel in eine völlig fremde Umwelt entfliegt, hat er keine Chance zurückzufinden.

Hellflügel

Wellensittiche, deren Wellenzeichnungen durch die Verdünnung des → Melanins zu lichtem Grau aufgehellt sind. Schwingen und Steuerfedern sind ebenfalls grau, seltener auch gelb.

Homöopathie

Viele Unpäßlichkeiten können erfolgreich mit homöopathischen Mitteln behoben werden. Fragen Sie immer den Tierarzt nach dieser Möglichkeit, denn homöopathische Mittel haben in der Regel keine schädigenden Nebenwirkungen.

Hudern

So nennt man das Wärmen der Nestlinge durch die Mutter. Sie stellt dabei leicht die Flügel ab, unter denen sich die Küken dicht an ihr Gefieder drängen.

I Imponierverhalten

Ein Begriff aus der Verhaltensforschung, der landläufig auch Imponiergehabe genannt wird. Wellensittiche verfügen über Bewegungsabläufe, die dem Gegenüber imponieren sollen, beispielsweise das leichte Aufstellen des Stirngefieders bei gleichzeitigem Hochrecken des Körpers und steifbeinigem Trippeln. Auch lautes Klopfen mit dem Schnabel auf Holz soll imponieren. Welches Imponiergehabe an den Tag gelegt wird, hängt davon ab, ob ein Rivale abgeschreckt oder ein Weibchen umworben werden soll.

Individuelles Kennen

Die Fähigkeit, nicht nur einen Artgenossen als solchen, sondern darüber hinaus auch die einzelnen Individuen einer Schar und insbesondere den Geschlechtspartner und die Nachkommen zu erkennen. Individuelles Kennen ist die Voraussetzung für jede Art von sozialer Bindung. Das Erkennen kann beispielsweise über Lautäußerungen oder äußere Merkmale erfolgen.

Inos

Unter diesem Begriff werden → Albinos und → Lutinos zusammengefaßt.

L·E·X·I·K·O·N

Intelligenz
→ Zählvermögen.

Inzucht
Bei der Herauszüchtung edler Rassen ist Inzucht unumgänglich. Sollen von der Norm abweichende Eigenschaften gefördert werden, so muß man auf Kinder-Eltern-Verpaarungen, auch auf Geschwister-Verpaarungen oder Verpaarungen entfernterer Verwandter zurückgreifen. Nachlassende Fruchtbarkeit und Widerstandskraft sind Begleiterscheinungen der Inzucht.

J **Juvenil**
Lat. = jugendlich; noch nicht geschlechtsreif.

K **Kloake**
After eines Vogels. Die Öffnung dient zum Absetzen von Kot und Urin, zur Eiablage und bei der Kopulation zum Übertragen der männlichen Samen in den weiblichen Eileiter.

Koloniebrüter
So werden alle Vögel genannt, die in der freien Natur in Verbänden – Kolonien genannt – brüten. Einige Arten brüten in sehr dichten Kolonien Nest an Nest. Andere brüten in lockeren Kolonien, die Nester sind dabei einige Meter voneinander entfernt. Dazu gehören auch die Wellensittiche. Sie sind friedliche Schwarmvögel, die bei ausreichend großem Raum, in dem sie einander ausweichen können, nicht so schnell in Streit geraten.

Man kann sie deshalb auch als Heimvögel in einer Voliere zu mehreren Paaren brüten lassen.

Konfliktverhalten
Halten sich zum Beispiel bei Furcht zwei nicht zu vereinbarende Stimmungen wie Flucht- und Angriffsstreben die Waage, so kann ein Wellensittich in Konflikt geraten. Überwiegt keine der beiden Bestrebungen, wird sich der Vogel mit einer Übersprungshandlung aus dem Konflikt befreien, indem er etwas zur Situation ganz Unpassendes tut, zum Beispiel sich kratzt, sich putzt oder ißt.

Kopfkratzen
Vögel lassen sich in ihrer Art des Kopfkratzens in zwei Gruppen gliedern. Die einen führen den Fuß direkt zum Kopf, um sich zu kratzen, die anderen führen den Fuß unter dem gleichseitigen Flügel hindurch zum Kopf. Wellensittiche gehören der zweiten Gruppe an.

Kopulation
Geschlechtliche Vereinigung, die bei den Vögeln auch als → Treten bezeichnet wird. Das Wellensittichmännchen steigt mit beiden Beinen auf den Rücken des Weibchens. Die Schwanzfedern des Weibchens sind nach oben gerichtet, so daß beide → Kloaken aufeinandertreffen können und der Samen in den Eileiter gelangt.

Krallenschneiden
Ganz junge Wellensittiche haben oft sehr spitze Krallen, weil diese noch nicht abgenutzt sind. Sie bleiben deshalb leicht mit den Krallen zum Beispiel in Stoffen hängen und können sich verletzen. In diesem Fall die Krallen nicht schneiden, sondern mit einer Feile abrunden. Bei älteren Wellensittichen wachsen die Krallen mitunter übermäßig lang, was auch gefährlich ist. Lassen Sie das nötige Krallenschneiden stets vom Tierarzt vornehmen, da das Anschneiden von Blutgefäßen lebensgefährlich sein kann und unbedingt vermieden werden muß.

L **Lacewings**
Aus dem Englischen stammende Bezeichnung (dt. Spitzflügel) für Wellensittiche, die aus der Verpaarung von → Zimtern und → Inos entstehen. Sie haben ein weißes oder gelbes Gefieder mit zarter bräunlicher Wellenzeichnung (Geisterzeichnung).

Lebenserwartung
Bei sorgsamer Pflege und liebevoller Zuwendung kann ein Wellensittich durchschnittlich 12 bis 14 Jahre alt werden.

Legenot
Als Legenot bezeichnet man Schwierigkeiten bei der Eiablage, vor allem aber die Unfähigkeit des Weibchens, das Ei aus dem Eileiter und aus der → Kloake zu pressen. Der Unterbauch ist gerundet. Das Weibchen wird schwach, sträubt das Gefieder und hält die Augen

geschlossen. Führt eine Wärme-
bestrahlung mit Infrarotlicht nicht
innerhalb von ein bis zwei Stunden zur → Eiablage, muß umgehend der Tierarzt aufgesucht
werden.

Lutino

Ein gelber Wellensittich aus der
Grünreihe (→ Vererbung, Seite
106) ohne Gefiederzeichnung und
mit roten Augen. Für die gelbe
Farbe ist → Psittacin verantwortlich. Die → Wachshaut ist rosa,
die Wangenflecken sind weiß.

M Mauser

Sie ist eine natürliche Maßnahme
zur Erneuerung des Gefieders.
Während der Mauser verlieren die
Vögel viele Federn. Doch nur die
ausgefallenen großen Federn verändern vorübergehend das Aussehen der Sittiche. Kleine Federn
wachsen innerhalb von wenigen
Tagen nach, große brauchen hingegen einige Wochen, um ersetzt
zu werden. Wellensittiche mausern im australischen Freileben
unregelmäßig, meistens gegen
Ende einer Brutperiode, ehe die
gesamte Schar das Brutgebiet verläßt. Als Heimvogel mausert der
Wellensittich gewöhnlich einmal
jährlich. Bei starken und häufigen
Temperaturschwankungen
kommt es oft auch zu mehreren
schwächeren Zwischenmausern.
Junge Vögel tragen nach der
ziemlich radikalen Jugendmauser
das Federkleid der erwachsenen
Wellensittiche, danach führt eine
Mauser nur mehr zur partiellen
Erneuerung der Federn. Je jünger
und gesünder ein Vogel, desto
weniger beeinträchtigt die Mauser
sein Allgemeinbefinden. Ältere
und schwache Sittiche machen
mitunter während der Mauser
einen kranken Eindruck.

Selten kommt es bedingt durch
die Mauser zur Flugunfähigkeit.
Wenn Sie bemerken, daß einer
Ihrer Wellensittiche Schwierigkeiten beim Auf- oder Abfliegen
hat, bringen Sie Kletterhilfen zum
Schlaf- oder Sitzplatz und zum
Käfigeingang an, zum Beispiel
durch Hanfseile oder Äste.

Melanin

An der Federfärbung der Wellensittiche sind zwei Gruppen von
Farbstoffen – Pigmenten – beteiligt: die Melanine und die →
Psittacine. Nach dem Grad der
Löslichkeit in Laugen oder Alkohol
beziehungsweise Äther unterscheidet man wiederum zwei
Melaninarten. Die schwarzen bis
dunkelbraunen, schwerlöslichen
Melanine werden als Eumelanine
und die dunkelroten bis gelben,
leichtlöslichen Melanine als
Phäomelanine bezeichnet. Das
Eumelanin ruft beispielsweise bei
→ Zimtern die braune Gefiederzeichnung hervor, das Phäomelanin bei → Falben die rotbraune
Färbung.

Mendelsche Gesetze

Die Gesetze der Vererbung, die
nach ihrem Entdecker Gregor
Johann Mendel benannt wurden.
Mendel war im 19. Jahrhundert
Augustinerprior und Lehrer für
Naturgeschichte. Er entdeckte bei
Kreuzungsversuchen an Erbsen
die grundlegenden Gesetzmäßig-
keiten für die Vererbung einfacher
Merkmale. Unterscheiden sich die
beiden Gene, die für ein bestimmtes Merkmal zuständig sind, so
kann in einem einfachen Erbgang
nur eines davon dominieren, d.h.
hervortreten (dominante Vererbung). Der andere Erbfaktor verhält sich rezessiv, d.h. er tritt zunächst aus dem Erscheinungsbild
zurück. Dieser Erbfaktor bleibt al-

lerdings im Erbgut erhalten und
kann in folgenden Generationen
wieder zutage treten.
Erst zu Beginn des 20. Jahrhunderts bestätigten andere Forscher
die unumschränkten Anwen-
dungsbereiche dieser Gesetze bei
der Fortpflanzung aller Lebewesen (→ Vererbung, Seite 105
bis 108).

Monogamie

Wie die meisten Papageien sind
auch Wellensittiche monogam,
das heißt, sie leben fest verpaart
mit einem Partner ihrer Art und
bewahren ihm lebenslang die
Treue. In der freien Natur ist der
Partner natürlich jeweils anderen
Geschlechts, denn der Sinn dieser
festen Ehen ist die sofortige Brutbereitschaft.

Mutation

Veränderung der Erbanlagen, die
an Nachkommen weitergegeben
werden kann.

N Newcastle-Disease

Die Newcastle'sche Krankheit
oder atypische Geflügelpest ist
eine gefürchtete Virusinfektion.
Eine Übertragung ist durch Vögel
und Menschen möglich. Nach
kurzer Krankheitsdauer von meist
nur 6 bis 9 Tagen verenden fast
alle Tiere. Symptome sind: Durchfall, Nasen- und Augenausfluß,
Lähmungen, Halsverdrehen und
Atemnot. Die Ansteckungsgefahr
ist sehr groß. Eine endgültige Dia-
gnose ist nur mittels Virusnach-
weis aus den Organen toter Vögel
möglich. Wegen der großen Gefährlichkeit ist die Krankheit
anzeigepflichtig. Der Tierarzt leitet
weitere Maßnahmen ein.

L·E·X·I·K·O·N

Nominatform
→ Stammform.

Nomenklatur
In der Biologie die Kennzeichnung und Benennung der systematischen Gruppen nach festgelegten Regeln. Der schwedische Arzt und Naturforscher Carl von Linné hat Mitte des 18. Jahrhunderts für alle ihm bekannten Lebewesen die binäre Nomenklatur eingeführt, die jeder Pflanzen- und Tierart eine Doppelbezeichnung gibt, die aus einem vorangestellten, großgeschriebenen → Gattungsnamen und einer kleingeschriebenen → Art-Bezeichnung besteht. Seit Beginn des 20. Jahrhunderts wird die Bezeichnung einer → Unterart dem Gattungs- und dem Artnamen als drittes Wort hinzugefügt und ebenfalls kleingeschrieben.

O Opaline
Wellensittiche, bei denen die Wellen- und Flügelzeichnung stark zurückgenommen ist. Die sonst enge Wellenzeichnung ist bei den Opalinen breiter und an Kopf, Hals und Rücken unklarer. Hinternacken und Rücken sind in der Grundfarbe des Vogels. Die farbige Rückenpartie wird von den dunkel gezeichneten Flügeln eingefaßt, so daß sich ein »V« bildet. Die Wellenzeichnung auf dem Rücken ist in der jeweiligen Grundfarbe (grün, blau, grau) und nicht wie bei den Normalvögeln gelb oder weiß umrandet. Der dadurch entstehende Effekt, das Opalisieren, hat den Vögeln ihren Namen gegeben.

Orientierungssinn
→ Heimfindevermögen.

Ornithologie
Die wissenschaftliche Bezeichnung für Vogelkunde.

Ornithose
Eine Infektionskrankheit, die bei Singvögeln, Tauben, Hausgeflügel und Papageien vorkommt. Weil sie zuerst an Papageien festgestellt wurde, nannte man sie lange Papageienkrankheit oder mit der lateinischen Bezeichnung Psittakose. Ist ein Sittich an Ornithose erkrankt, sind folgende Symptome einzeln oder auch zusammen festzustellen: Apathie, Schläfrigkeit, Appetitlosigkeit, wäßriger Kot, Schnupfen, Atemnot, Bindehautentzündung mit schleimigen Absonderungen an den unteren Augenlidern, anfallartiges Zittern.
Fällt ein Vogel durch derartige Symptome auf, ist er umgehend zu isolieren und innerhalb von 10 Stunden zu einem Tierarzt zu bringen; nur dann besteht eine Chance auf Heilung.
Ornithose ist auf den Menschen übertragbar und kann vor allem älteren und kreislaufschwachen Personen gefährlich werden. Sie äußert sich ähnlich einer Grippe oder leichten Lungenentzündung. Bei Erkältungs- oder Grippeerscheinungen sollten Sie unbedingt selbst einen Arzt aufsuchen und ihn auf die Vogelhaltung hinweisen. Die Infektion von Mensch und Vogel erfolgt in erster Linie durch Staubinhalation. Die Vögel scheiden nämlich im akuten

Krankheitsstadium die Erreger mit dem Kot aus, der antrocknet und durch die Flugbewegungen des Vogels aufgewirbelt wird. Mensch und Tier infizieren sich durch Einatmen des infektiösen Staubes. Auch ein gesunder Wellensittich kann Träger dieser Infektionskrankheit sein. Treten für ihn ungünstige Lebensumstände auf, etwa Streß, Trauer, starke Mauser oder eine Erkältung, kann die Krankheit zum Ausbruch kommen. Vorsorglich können Sie den Kot Ihres Vogels untersuchen lassen, um festzustellen, ob diese Gefahr bei ihm besteht.
Die Erkrankung an Ornithose ist meldepflichtig. Der Tierarzt wird Ihnen gegebenenfalls sagen, was zu tun ist. Da jeder Zoofachhändler und jeder Züchter verpflichtet ist, ein Nachweisbuch zu führen, kann der Weg der Ornithose zurückverfolgt werden.

P Papageienkrankheit
→ Ornithose.

Parasiten
Parasitäre Erkrankungen werden zum einen durch im Vogel lebende, zum anderen durch außen am Vogel lebende Schmarotzer hervorgerufen. Unter anderem können folgende Parasiten bei Wellensittichen auftreten:
Rote Vogelmilbe: Sie lebt vom Blut der Sittiche. Tagsüber versteckt sie sich in Ritzen des Käfigs und der Sitzstangen und belästigt die Vögel nachts. Nehmen die Milben überhand, leben sie auch tagsüber unter den Flügeln der

Sittiche. Mit einer starken Lupe können Sie die Milben als winzige rote oder schwärzliche Punkte – je nach Blutaufnahme und Verdauung – ausmachen. Bei brütenden Vögeln halten sich die Milben auch tagsüber im Nistkasten auf. Durch den ständigen Blutentzug können Milben die Nestjungen auch bei geringem Befall töten. Erkrankte Vögel nesteln nervös und andauernd am Gefieder und kratzen sich häufig. Zur Behandlung sollte der Sittich zum Tierarzt gebracht werden, der Ihnen auch ein geeignetes Mittel zur gezielten Desinfektion des Käfigs, des Freisitzes und aller Gegenstände, mit denen der Vogel in Berührung kommt, empfiehlt. Auch andere Haustiere und der Mensch sind ansteckungsgefährdet.

Sittichräude (Schnabelschwamm): Sie wird von der Räudemilbe (Cnemidocoptes pilae) verursacht und zeigt sich durch hellgraue bis weiße Auflagerungen mit siebartigen Bohrlöchern in der Umgebung der Augenlider, am Schnabel, manchmal auch auf der Wachshaut und an den Füßen. Die Milben bewirken in der Oberhaut taschenartige Erweiterungen, die in fortgeschrittenen Fällen die Haut wabenartig zerstören. Befallen werden in der Regel Wellensittiche jüngeren Alters. Zum Ausbruch kommt die Krankheit zum Beispiel durch Belastungen, schlechte Haltungsbedingungen oder geschwächte Abwehrkräfte. Räudemilben können jahrelang beim Wellensittich vorhanden sein, ohne daß die Krankheit zum Ausbruch kommt. Die befallenen Stellen sind mit einem vom Tierarzt empfohlenen Präparat zu behandeln.

Federlinge: Diese flügellosen Insekten ernähren sich von Hautschuppen und Gefiederteilchen der Wellensittiche und verursachen starken Juckreiz. Durch das Herumlaufen der Federlinge auf der Haut wird der Vogel stark beunruhigt. Der Befall wird durch abgenagte Federteile sichtbar. Die Krankheit muß ebenfalls mit einem vom Tierarzt empfohlenen Mittel behandelt werden.

Phäomelanin
→ Melanin.

Psittacin
Gelber oder roter Fettfarbstoff, der an der Federfärbung der Wellensittiche gleich dem → Melanin beteiligt ist. Eine sichtbare Färbung tritt erst mit dem Beginn der Federverhornung auf und zwar ganz diffus immer in den Strahlen und Ästen der Federn, die gerade mit der Verhornung beginnen. Die Farbe lagert sich in gelöster Form direkt in der gerade sich bildenden Hornsubstanz ab.

Psittakose
→ Ornithose.

R Rote Vogelmilbe
→ Parasiten.

Rundhauben
→ Haubenwellensittich.

S Schecke
Bei Wellensittichen mit geschecktem Gefieder – daher die Bezeichnung Schecke – unterscheidet man kontinentale dominante , rezessive dänische und australische dominante Schecken. Die rezessiven dänischen werden auch → »Harlekine« genannt. Die Schecken kommen in unterschiedlichen Farbspielen der Blau- und Grünreihe (→ Vererbung, Seite 106) vor und haben meist helle Nackenflecken, aufgehellte Schwung- und Schwanzfedern.

Schlafhaltung
Normalerweise ruht der schlafende Wellensittich auf einem Bein, der Fuß des anderen Beins wird ins Bauchgefieder eingezogen. Den Schnabel versteckt er beim Schlafen und Ruhen ins Rückengefieder. Aber es gibt Ausnahmen: Manche Wellensittiche schlafen auf beiden Beinen, und ganz selten hängt ein Vogel auch kopfunter mit einem oder beiden Füßen am Gitter des Käfigdaches.

Schlafplatz
Jede freilebende Wellensittichschar hat außerhalb der Brutzeit feste Schlafbäume, die von allen Mitgliedern des Schwarms kurz vor dem Dunkelwerden aufgesucht werden. Als Heimtiere müssen sich unsere Wellensittiche einen anderen Schlafplatz suchen. Das kann ein im Käfig befestigter Ast sein, die Schaukel oder einfach eine Ecke im Käfig. Man sollte ihnen jedoch stets Gelegenheit geben, diesen Platz aufzusuchen, ehe das Licht gelöscht wird. In Vogelzimmern und Volieren hat sich eine Dämmerungsschaltung bewährt.

L·E·X·I·K·O·N

Schnabelwachstum

Der Oberschnabel des Wellensittichs ist durch ein bewegliches Gelenk mit dem Schädelknochen verbunden. Der Unterschnabel läßt sich durch ein Gleitgelenk horizontal verschieben. Dadurch ergibt sich die große Beweglichkeit des Schnabels. Bei artgemäßer Haltung von Sittichen nützt sich das Schnabelhorn (Keratin) durch das Benagen von Zweigen, Sepiaschalen und Schnabelwetzstein ständig ab. Dieser natürliche Abnützungsvorgang wird durch das Wachstum des Schnabelhorns ausgeglichen.

Bei älteren Sittichen kann das Schnabelhorn durch Hormon-Stoffwechselstörungen anormal wachsen, so daß der Schnabel funktionsuntüchtig wird. Die Spitze des Oberschnabels kann den Unterschnabel völlig umschließen oder der Unterschnabel wächst schief nach einer Seite. In beiden Fällen wird die Nahrungsaufnahme alsbald unmöglich. Der Tierarzt muß den Schnabel dann in Form schneiden und den Vogel nach Möglichkeit behandeln.

Schnäbeln

Haben sich zwei Wellensittiche als Partner gefunden, so sitzen sie häufig zusammen, kraulen sich das Gefieder und schnäbeln miteinander. Um das Weibchen in Paarungsstimmung zu bringen, tippt das Männchen mehrere Male hintereinander mit seinem Schnabel gegen den des Weibchens. Beim Balzfüttern sind die Schnäbel beider Vögel in einem rechten Winkel ineinander verhakt, und das Männchen würgt Futter aus seinem Kropf.

Schreckmauser

Bei plötzlichem Schrecken durch ungeschicktes Greifen kann der Vogel partiell ganze Federbüschel verlieren. Diese Maßnahme wurde von vielen freilebenden Vogelarten zum Schutz vor Greiffeinden entwickelt. Zwar wird sich der Sittich meist von seinem Schrecken erholen, aber das Nachwachsen der Federn kann einige Wochen dauern.

Schwarm

Eine Wellensittichschar bildet eine lockere Brutkolonie und lebt außerhalb der Brut in einem Gebiet, das genug Nahrung und Wasser bietet. Geht das Nahrungsangebot zu Ende, ziehen die Vögel auf der Suche nach neuen Nahrungsplätzen Hunderte von Kilometern durch den Kontinent. Dabei vereinigen sie sich mit anderen Scharen und bilden Schwärme von mehreren hundert oder tausend Vögeln.

Sexualdimorphismus

Deutlich erkennbarer Unterschied der Geschlechter. Beim naturfarbenen Wellensittich haben die Männchen beispielsweise eine blaue, die Weibchen eine hellbeige → Wachshaut.

Sittichräude

→ Parasiten.

Spangles

→ Gesäumte Wellensittiche.

Spitzhauben

→ Haubenwellensittich.

Stammform

Die Stammform des Wellensittichs, auch Nominatform genannt, ist der Hellgrüne. Er hat die Farbe des Wildvogels: Maske gelb, am Hals sechs runde schwarze Tupfen, wobei die äußeren links und rechts durch längliche violette Wangenflecken verdeckt sind, Grundfarbe der Unterseite und des Rumpfes hellgrün, Wellenzeichnung an Kopf, Wangen, Hals, Rücken, Flügeln schwarz, die langen Schwanzfedern dunkelblau, Beine und Füße blaugrau.

Standard

Das Idealbild einer Züchtung, das in Körperform, Haltung, Gefieder, Farbe und Zeichnung festgelegten Vorstellungen entspricht.

Stimmungsübertragung

Wie bei vielen gesellig lebenden Tieren kommt es auch bei Wellensittichen zu Stimmungsübertragungen. Ist eine Schar Wellensittiche beispielsweise auf dem Boden schon einige Zeit mit dem Suchen und Essen von Samen beschäftigt, und ein Vogel fliegt auf, weil er satt ist, so folgen ihm alsbald weitere und im Nu ist die ganze Schar im Flug. Ist ein Vogel mit Gefiederpflege beschäftigt, beginnen seine Nachbarn nach und nach ebenfalls damit. Dadurch gelingt es einer Schar, alle Mitglieder bestmöglich zusammenzuhalten und Gefahren zu vermeiden.

Symbiose

Das Zusammenleben von Tieren verschiedener Arten zu gegenseitigem Nutzen. Für die australischen Sittiche wird allgemein eine Symbiose mit den Larven von Kleinschmetterlingen angenommen, die die Nesthygiene erledigen, was allerdings nur beim Goldschultersittich nachgewiesen wurde.

T Topographie

So nennt man die anatomische Beschreibung eines Lebewesens, die erklärt, welche Körperteile sich wo befinden und wie sie in der Fachsprache bezeichnet werden.

Treten

So nennt man bei Vögeln die geschlechtliche Vereinigung oder → Kopulation. Bevor das Männchen aufzusteigen wagt, setzt es abwechselnd einen Fuß auf den Rücken des Weibchens und → schnäbelt mit ihm.

U Übersprungshandlung
→ Konfliktverhalten.

Überwintern

Leben Ihre Wellensittiche in einer Freivoliere, sollte für den Winter unbedingt ein heizbares Schutzhaus zur Verfügung stehen, in dem die Vögel eisige Tage und Nächte bei ungefähr 10 °C überstehen können. Wellensittiche leben in den heißen Zonen Australiens und ziehen bei Kälteeinbrüchen sofort in wärmere Gebiete. Zwar kann der Wellensittich Kälte bei unter 0 °C überleben, denn auch im tropischen Australien kommt es ungefähr zehnmal im Jahr vor, daß nachts für einige Stunden Minusgrade

herrschen. Doch wenn möglich, vermeidet es der kleine Nomade durch Gebietswechsel. Ist er als Heimvogel gezwungen, lange kalte Winter in einer Freivoliere auszuharren, so übersteht er dies zwar meist, aber eher dahinvegetierend als wirklich lebend.

Unterart

Formen, die einander verwandtschaftlich sehr nahestehen, werden als Unterarten einer gemeinsamen → Art angesehen. Unterarten unterscheiden sich von der Art durch mehr oder weniger auffallende äußere Merkmale. Überschneiden sich die Lebensräume zweier Unterarten oder treffen sie beim Umherziehen aufeinander, kann es vorkommen, daß sich Vögel zweier verschiedener Unterarten paaren und sogenannte → Bastarde zeugen.

V Vererbung
→ Mendelsche Gesetze.

W Wachshaut

Die Wachshaut – auch Nasenhaut genannt – befindet sich an der Schnabelwurzel und umschließt die Nasenlöcher. Beim Wellensittich ist sie unbefiedert. Die Wachshaut von jungen Wellensittichen beiderlei Geschlechts ist noch hellrosa oder hellbeige. Sie färbt sich erst mit abgeschlossener Jugendmauser beim Männchen kräftig blau. Beim Weibchen bleibt sie hellbeige oder wird bräunlich. Bei einigen Farbschlägen, wie den → Harlekin-Wellensittichen, ging dieses Geschlechtsmerkmal allerdings verloren. Die Wachshaut bleibt dort auch beim erwachsenen Männchen hellbeige.

Weiß-Schwarzauge

Ein weißer Wellensittich mit allen Merkmalen eines → Albinos, jedoch mit schwarzen Augen.

Z Zählvermögen

Im wissenschaftlichen Experiment nachgewiesene Fähigkeit von Tieren, Anzahlen zu erlernen und ihnen gegenüber (spezifisch) zu reagieren. So lernen Vögel, Futternäpfe mit einer bestimmten Anzahl von Punkten zu öffnen. Bei Versuchen, in denen zum Beispiel 4 Punkte gezeigt werden und das Tier den Napf öffnen muß, der gleich viele Punkte aufweist, können Dohlen Punktzahlen bis 6 unterscheiden. Ähnliche Leistungen erreichen Wellensittiche und Kolkraben. Tauben erreichen sogar die Zahl 8.

Zimter

Wellensittiche mit brauner Wellenzeichnung, hervorgerufen durch den braunen Farbstoff (→ Melanin). Die Kehltupfen und das Großgefieder sind ebenfalls braun.

R·E·G·I·S·T·E·R

R·E·G·I·S·T·E·R

I·N·F·O·S

Vereine – Züchterverbände

DSV (Deutsche Standard-
Wellensittich-Züchter-
Vereinigung e.V.), Maria
Heinrich, Amselweg 1,
D-97332 Volkach

DWV (Deutsche Wellensittich-
Vereinigung) in der Vereini-
gung Artenschutz, Vogel-
haltung und Vogelzucht
(AZ e.V.), Postfach 1168,
D-71501 Backnang
Zeitschrift: AZ-Nachrichten

Zoologische Gesellschaft Öster-
reichs, Goldschlagstr. 15,
A-1150 Wien (Anfragen nur
schriftlich).

Hinweis

Wellensittichhalter, die sich über
die aktuellen Entwicklungen bei
der Haltung und Zucht von
Wellensittichen informieren wollen und mit anderen Wellensittichhaltern Erfahrungen austauschen wollen, können (im
deutschsprachigen Raum) einem
überregionalen Züchterverband
beitreten.

Fragen zur Tierhaltung beantworten:

Ihr Zoofachhändler oder der
Zentralverband Zoologischer
Fachbetriebe Deutschlands
e.V., 63225 Langen, Telefon
(06103) 9107-0 (nur telefo-
nische Auskunft möglich).

Literatur zum Thema

Birmelin, I., Tschanz, B.: *Be-
obachtungen und experimen-
telle Untersuchungen von
Wellensittichen während des
Schlüpfens der Küken.* Zeitschrift für Tierpsychologie,
Band 57, Seite 245–260,
1981.

Engesser, U.: *Sozialisation
junger Wellensittiche.* Zeitschrift für Tierpsychologie,
Band 43, Seite 68–105.

Hirsbrunner-Scharf, M.: *Orientierung und Regelung des
Verhaltens von Wellensittichweibchen zu Nisthöhle und
Eiern während der Brutzeit.*
Diplomarbeit 1974, Uni-
versität Bern.

Zeitschriften

Die Gefiederte Welt. Eugen
Ulmer Verlag, Postfach
70 05 61, 70574 Stuttgart.

Ein Herz für Tiere. Nordend-
str. 64, 80801 München.

*Die Voliere; die Zeitschrift für
Vogelliebhaber, -halter,
-züchter und -aussteller.*
Verlag M. u. H. Schaper,
Postfach 1642, 31046 Alfeld
(Leine).

Bücher, die weiterhelfen

(falls nicht im Buchhandel, dann
in Bibliotheken erhältlich)

Aeckerlein, W.: *Die Ernährung
des Vogels.* Eugen Ulmer
Verlag, Stuttgart.

Albrecht, E.: *Käfig- und
Volierenbau.* Rasch und
Röhring Verlag, Hamburg.

Ebert, U.: *Vogelkrankheiten.*
Verlag M. u. H. Schaper,
Hannover

Kronberger, H.: *Haltung von
Vögeln – Krankheiten der
Vögel.* VEB G. Fischer Verlag,
Jena.

Pahlow, M.: *Heilpflanzen – die
besten Rezepte.* Gondrom
Verlag, Bindlach.

Pahlow, M.: *GU Kompaß Kräuter und Wildfrüchte.* Gräfe
und Unzer Verlag, München.

Podlech, D.: *GU Naturführer
Heilpflanzen.* Gräfe und
Unzer Verlag, München.

Radtke, G. A.: *Handbuch für
Wellensittich-Freunde.*
Franckh'sche Verlagsbuch-
handlung, Stuttgart.

Ragotzi, B.: *Freude am Wellensittich.* Verlag Dietrich Reimer,
Berlin.

Robiller, F.: *Vogelkäfige und
Volieren.* Augustus Verlag,
Augsburg.

Rutgers, A.: *Wellensittiche.
Pfleglich gehalten und kundig
gezüchtet.* Eugen Ulmer
Verlag, Stuttgart.

Schöne, R., Arnold, P.: *Der
Wellensittich – Heimtier und
Patient.* Ferdinand Enke
Verlag, Stuttgart.

Wolter, A.: *Sittiche richtig pflegen und verstehen.* Gräfe und
Unzer Verlag, München.

Die Fotografen

Ardea/Beste: Seite 16; Arendt und Schweiger: Seite 11, 14/15, 142/143; Wegler: alle übrigen Fotos.

Dank

Autorin und Verlag danken allen Wellensittichbesitzern, die in zahlreichen Leserbriefen wichtige Hinweise und Anregungen für dieses Buch gegeben haben. Besonders danken wir Herrn Herbert Hummel für die Durchsicht der Kapitel Vogelnachwuchs und Wellensittichzucht sowie für seine freundliche Unterstützung beim Fotografieren der Farbschläge, ferner Herrn Klaus Stark und Frau Karin Blädel, die uns bei dem Kapitel Vogelkrankheiten und dem Lexikon beratend zur Seite standen, Herrn Reinhard Hahn für die Prüfung aller Rechtsfragen und schließlich Herrn Karl Clemens, Vorstand der AZ, Ortsgruppe München, und Herrn Georg Helm für die Beratung und Unterstützung beim Fotografieren der nestjungen Wellensittiche.

Wichtige Hinweise

In diesem Buch geht es um die Haltung und Pflege von Wellensittichen.

Menschen, die an einer Feder- beziehungsweise Federstauballergie leiden, sollten keine Vögel halten. Fragen Sie im Zweifelsfall vor der Anschaffung den Arzt.

Beim Umgang mit Wellensittichen können Verletzungen durch Beißen oder Kratzen vorkommen. Lassen Sie solche Verletzungen sofort vom Arzt versorgen.

Die »Papageienkrankheit« (Psittakose, Ornithose) tritt heute bei Wellensittichen sehr selten auf (→ Lexikon, Seite 132), aber sie kann bei Menschen und Wellensittichen zum Teil lebensgefährliche Krankheitserscheinungen hervorrufen. Gehen Sie deshalb im Zweifelsfall mit dem Wellensittich zum Tierarzt, suchen Sie bei Erkältungs- oder Grippeerscheinungen unbedingt selbst den Arzt auf und weisen Sie diesen auf die Vogelhaltung hin.

Lizenzausgabe für Gondrom Verlag, Bindlach 2002
Autorin: Annette Wolter
Redaktionsleitung: Hans Scherz
Stellvertretende Redaktionsleitung: Renate Weinberger
Redaktion: Anita Zellner
Fotos: Monika Wegler und andere Tierfotografen
Layout: Christine Paxmann
Satz: Michael Bauer
Reproduktion: Penta Repro

ISBN 3-8112-2052-7

Falbe Dunkelblau (Männchen)

Hellflügel Opalin Dunkelblau (Weibchen)

Hellflügel Olivgrün (Männchen)

Grün – Blau – Weiß …

Zum Foto unten rechts
links: Hellflügel Opalin Dunkelblau
(Männchen), rechts: Regenbogen
(Männchen).

Zwei besonders schöne Farbschläge (→ unten links).

Rezessive Schecken: Olivgrün (links), GG Mauve (rechts)

Aufgehellt: Weiß (Weibchen), Gelb (Männchen)

Graugrün (Männchen)

Rezessive Schecke Olivgrün (Männchen)

Dunkelblau (Männchen)

Hellgrün (Männchen)

Grau (Männchen)

Rezessive Schecke GG Mauve (Männchen)

Es ist erstaunlich, wie aus dem
grün-gelben Wellensittich, der in
der freien Natur in nur einem
Erscheinungsbild vorkommt, so
viele andersfarbige Vögel entstehen können.

Der Anblick dieser Wellensittichschar erinnert immer daran, daß Wellensittiche fliegen müssen.